Ir. Hermínia M. Genaro

O QUE A ENFERMIDADE ME ENSINOU

Um testemunho de confiança na Divina Providência

EDITORA SANTUÁRIO

Coordenação editorial: Ana Lúcia de Castro Leite

Copidesque: Sofia Machado

Revisão: Luana Galvão

Diagramação e capa: Bruno Olivoto

Dados Internacionais de Catalogação na Publicação (CIP)
de acordo com ISBD

G324q Genaro, Hermínia M.

O que a enfermidade me ensinou: um testemunho de confiança na Divina Providência / Hermínia M. Genaro. - Aparecida : Editora Santuário, 2022.
88 p. ; 12cm x 18cm.

Inclui índice e anexo.
ISBN: 978-65-5527-170-6

1. Religião. 2. Cristianismo. 3. Enfermidade. 4. Testemunho. 5. Divina Providência. I. Título.

CDD 240
2022-42 CDU 24

Elaborado por Vagner Rodolfo da Silva - CRB-8/9410

Índice para catálogo sistemático:
1. Religião : Cristianismo 240
2. Religião : Cristianismo 24

1ª impressão

Rua Pe. Claro Monteiro, 342 – 12570-000 – Aparecida-SP
Tel.: 12 3104-2000 – Televendas: 0800 0 16 00 04
www.editorasantuario.com.br
vendas@editorasantuario.com.br

PREFÁCIO

Sou frade Franciscano na Providência de Deus. Aproximadamente há 15 anos desenvolvo minha missão à frente de hospitais e, pela segunda vez, estou no Hospital Regional de Presidente Prudente "Doutor Domingos Leonardo Cerávolo", o maior hospital do interior paulista, 100% SUS. Como diretor administrativo, tenho a missão de tornar esse hospital referência em humanização e qualidade em assistência; como religioso, tenho a missão de resgatar o sentido sagrado da vida e da saúde, mostrando que um hospital é uma verdadeira catedral de fé e um autêntico santuário da vida.

A leitura deste livro traz uma grande provocação espiritual, lança-nos um desafio de fé por meio do relato da autora. De forma simples, digo: este livro contém uma ode à Providência Divina e uma exaltação à fé, que nos permite contemplar, saborear, viver e amar a Vontade de Deus.

A autora é religiosa, possui formação acadêmica em Psicologia e em Enfermagem. Iniciou sua caminhada vocacional ainda na adolescência, quando já apresentava uma saúde frágil. Missionária, doou parte de sua vida em terras africanas; durante quase 20 anos atuou na província portuguesa de sua Congregação e, após 2 anos em Moçambique, retornou ao Brasil. Uma mulher de uma agilidade mental e proatividade admirável! Em um dizer popular eu diria: ela é "serelepe"; em outro dito popular diria: é "hiperativa" na realização do bem. Com essa linguagem simples, quero apenas expressar que a autora é uma pessoa que causa admiração pela força de vontade, pelo empenho e compromisso que coloca em tudo o que faz. Alguns diriam que ela é uma verdadeira rocha ou um furacão, embora sua aparência física seja "franzina", diametralmente, oposta às figuras mencionadas.

Pertence à Congregação das Irmãs de São José de Cluny, fundada pela Bem-aventurada Ana Maria Javouhey, que formou suas filhas de todos os tempos em uma espiritualidade alicerçada na busca da vivenciada Vontade de Deus, por meio da fé e confiança na Divina Providência. É por meio desse olhar que a autora procura vislumbrar sua experiência de enfermidade, um câncer muito, muito agressivo.

Não fosse ela ter encarnado em sua vida a fé em Jesus Cristo, por meio do carisma, da espiritualidade e dos ensinamentos de Ana Maria Javouhey – *Libertar para Vida e Vida em abundância... Estar em toda parte onde houver o bem a fazer* –, esse relato seria inexistente.

Em sua primeira internação e cirurgia, fiz-lhe uma breve visita; na segunda internação, quando realizaram duas outras cirurgias no cérebro, eu pude acompanhá-la em todo o processo, pois já estava desenvolvendo minha missão no Hospital Regional de Presidente Prudente - SP.

Ao sair de uma e outra cirurgia, fui visitá-la na UTI. Eu imaginava que a encontraria desacordada, debilitada, fraca e silenciosa. NÃO! Ambas as vezes encontrei uma mulher que me dizia com voz forte, franca e confiante: "não chegou minha hora"; "sei em quem coloquei minha confiança" (2Tm 2,12); vou sair dessa com a intercessão da Bem-aventurada Ana Maria Javouhey e do Padre Albino (patrono da Fraternidade à qual pertenço), pode anotar Frei".

Certa vez, ao sair do quarto de enfermaria após levar comunhão a ela, chorei.

Meu irmão de comunidade perguntou-me o porquê. Eu disse a ele que, diante de tamanha fé, em uma situação tão adversa, era eu quem me sentia fragilizado, mas inspirado; questionava a mim mesmo: como era possível ter tanta confiança, força (mesmo com tanta fragilidade) e tanto desejo de lutar pela vida? Aqueles momentos com a Irmã me marcaram visceralmente.

Não era uma pessoa abatida pela doença que via naquele leito de hospital, mas uma mulher cheia do esplendor de uma vida realizada, plena, completa e, sobretudo, feliz. Via uma consagrada que encontrou o sentido da vida e sabia que ele não estava na própria vida, mas no abrir-se para o outro. Essa religiosa continuava abrindo-se, por meio de seu sorriso, das anedotas que fazia de si, do ânimo que trazia às colegas de enfermaria e, sobretudo, a todos que dela cuidavam. Lembrei-me do profeta que diz: "O deserto e os lugares secos se alegrarão, o ermo se exultará e florescerá como a rosa. Abundantemente florescerás e rejubilará de alegria" (cf. Is 35,1-2), pois, certamente, essa palavra traduz o testemunho de vida da autora.

Nesta pequena grande obra, o leitor poderá saborear toda a cultura, que é ampla e diversa, utilizada para nos auxiliar a enxergar os momentos de enfermidade e as tribulações com os olhos da fé, além disso, o imensurável amor de Deus. Alguns diriam que é um relato de resiliência, eu digo tratar-se da partilha de uma vida que se permitiu preencher pelo amor de Deus e sabe que tudo está nas mãos d'Ele; de uma vida versada sobre a seguinte verdade: amar é servir, e servir é amar. O leitor não encontrará lamentações, mas confiança e determinação; não encontrará explicações sobre uma doença, mas a reflexão de alguém que tem a certeza de que Deus quer que todos tenham vida em abundância, e a tenham em todos os momentos, mesmo naqueles mais incompreensíveis.

Agradeço à autora nos presentear com essa partilha e desejo a cada leitor que possa fazer uma experiência profunda, aprazível e saborosa.

Frei Tarcisio Marchini
Fraternidade São Francisco de Assis
na Providência de Deus

INTRODUÇÃO

Reflexões sobre saúde e doença

Depois de dois cânceres, depois de meses de hospital e da perda de parte das memórias, partilhando do sofrimento de minhas "colegas" de enfermaria, eis que surgiu uma ideia "engraçada": escrever um livro que ajudasse as pessoas a contemplarem outros lados das realidades de nossa vida, particularmente, da doença.

Durante a segunda recuperação, outra questão surgiu: valerá mesmo a pena? Alguém passará os olhos pelas palavras que eu vou escrever? Talvez não! Mas que elas serão importantes para mim, serão! E, então, lembrei-me do poeta português, Fernando Pessoa, que dizia: *"Tudo vale a pena quando a alma não é pequena"*.

Foi assim que estas linhas nasceram: primeiramente de um câncer que atingiu o abdômen, comprometendo vários órgãos – já estava no grau III (três); e, em seguida, de dois tumores no cérebro, que necessitaram de intervenção cirúrgica urgente, devido ao aumento rápido da pressão intracraniana, que chegou a causar alterações no nível da consciência e de outras funções cerebrais. Fui, assim, "promovida" e alcancei o "patamar" grau IV (quatro).

Devido à complexidade e aos riscos referentes a possíveis sequelas, as intervenções no cérebro foram feitas em dois tempos, com intervalo de uma semana. A primeira intervenção na região temporal foi feita com maior rapidez, poucas horas após o internamento hospitalar, pois, devido ao tamanho do tumor, a pressão intracraniana era demasiadamente elevada, com desvio da linha cerebral para a esquerda. Era o dia 30 de agosto.

Depois de seis dias de recuperação, a segunda intervenção, realizada no cerebelo, ocorreu dentro do previsto, no dia 6 de setembro.

Foi no intervalo dessa semana que o "exercício" de aprender a olhar outros lados dos acontecimentos e das realidades foi sendo consolidado, também, com o intuito de ajudar minhas "colegas" de enfermaria a olharem a vivência da doença de outra forma.

É esse "exercício" de reflexão sobre outras formas de olhar que tentei traduzir nestas páginas.

1
UMA PEQUENA PALAVRA: SAÚDE!

– Tim...Tim!

Será?... Será que na vida tudo é apenas uma questão de alegria e de festa? Tudo tão fácil e tão definido? Talvez não! Nem sempre em nossa vida, particularmente no campo da saúde, tudo corre como desejamos. Um pequeno detalhe pode mudar muita coisa!

Surgiu em minha mente uma conhecida frase de Willian Shakespeare: "Quando o mar está calmo, todos os barcos flutuam; quando o mar está bravo, poucos barcos navegam".

O estado de saúde não seria os momentos de calmaria do pequeno oceano de nossa vida? A doença não seria o momento de agitação, de pequenas ou grandes tempestades nesse mesmo oceano? Sei que uso uma linguagem muito figurada, mas as palavras de Shakespeare conduziram-me à outra reflexão: seria possível deixar de flutuar para, realmente, navegar em uma determinada direção, sem maneiras diferentes de olhar e contemplar as realidades da vida? Algo que realmente se pode questionar, pois nesses momentos podemos acabar por “navegar” ou “afundar”.

Não apelo tanto à definição de saúde dada pela Organização Mundial de Saúde, pois, talvez, seria “maçante” para aqueles que pegarem essas simples linhas e, nelas, como garimpeiros, tentarem encontrar algum pequeno diamante, se é que algum possa estar escondido neste modesto trabalho.

De meu ponto de vista, a saúde é um dom de Deus, a doença uma intercorrência, portanto algo pontual, que se pode prolongar no tempo.

Podemos ser agentes positivos ou negativos, tanto nas intercorrências das doenças como em um estado de saúde considerado “pleno”. Como sabemos, isso se associa a diferentes fatores. Muitos deles dependerão de nós, outros, nem tanto.

Todos já ouvimos falar em estilos de vida e outros conceitos do mesmo teor. Estes, certamente, dependem de nós, como os hábitos que vamos adquirindo e mantendo ao longo de nossa vida, e contribuirão para as “tempestades” ou a “bonança” de uma ou de outra forma.

É claro que para o estado de doença muitos outros fatores podem concorrer. Às vezes, esses fatores que nos ultrapassam independem de nós e podem ser objetos, fontes de novas aprendizagens e de novas formas de leitura de nossa existência e nossas realidades.

Não vou desenvolver o tema da saúde nem de forma extensiva nem de forma sintetizada, pois não é esse meu objetivo. Vou apenas tentar partilhar meu "olhar" sobre minha experiência de doente e minhas realidades, ensaiando, assim, uma leitura diferente de uma parte dessa minha experiência.

No Evangelho, Jesus nos diz: "Eu vim para que todos tenham vida e vida em abundância" (Jo 10,10).

É isso mesmo, Deus não nos criou para a doença, que entrou em nossa vida e história por outra via! Deus nos quis e nos criou para que tivéssemos vida e vida em abundância!

Não preciso desenvolver nenhum "tratado" sobre a dor, o sofrimento e a morte, pois abundam referências bibliográficas sobre esses temas, algumas que nos trazem muitos ganhos, outras que são frutos de um imaginário de pouco bom senso, que trazem mais confusões, perdas e danos do que acréscimos de aprendizagem.

Voltando à referida definição de saúde, segundo a Organização Mundial, essa é definida como "um estado de completo bem-estar físico, mental e social e não somente a ausência de afecções e enfermidades". Essa definição, encontrada no preâmbulo de sua Constituição, tem sido bastante criticada, particularmente, pela palavra "completo" / "perfeito", considerando-se que a completude de bem-estar nas três áreas mencionadas – física, mental e social – se associaria a um estado de perfeição e plenitude que nos parece um pouco difícil de se manter 24 horas por dia e 365 dias por ano, independentemente do aspecto físico ao qual associamos, frequentemente, a saúde.

Contudo admitamos que saúde, tal como a OMS preconiza, é mais do que "ausência de afecções e enfermidades"! A aprendizagem que, até então, obtivera já me ajudava a olhar a realidade de forma diferente, tanto no primeiro momento da doença como no segundo, pois eu pensava: eu sou mais do que meu corpo, sou mais do que minha doença. Não vou viver em função da doença, por mais limitante que ela e os tratamentos sejam. Não preciso viver em função da doença, apesar desse estado momentâneo se arrastar por longo tempo. Sou capaz de ultrapassar e ultrapassar-me!

Sou mais do que meu corpo! Sou mais do que minha saúde e minha doença. Sofri e sei que vou sofrer, mas serei também eu um dom de Deus para o mundo, na vida, na morte e na eternidade, o outro nome da Vida!

Sempre quis passar uma visão positiva desta vida e da outra, porque sempre acreditei que fomos criados para algo a mais. Um "mais" que a Palavra de Deus, particularmente, no Evangelho, revela-nos.

As duas últimas cirurgias feitas no cérebro, para extrair os dois tumores, sobre os quais falaremos à frente, apesar dos riscos elevados de sequelas que, também, partilharei posteriormente, não retiraram minha capacidade de reflexão e a memória de algumas aprendizagens, uma delas é: quero fazer tudo, como se tudo dependesse de mim, sabendo, entretanto, que todas as coisas que me ultrapassam como também as outras dependem de Deus. Por isso me abandono, confiadamente, em suas mãos!

“Como se tudo dependesse de mim...” A consciência desse desafio nem sempre está muito clara, pois necessita de alguma aprendizagem, mas que não realizamos, simplesmente, quando o mar está calmo.

Muitas vezes, na “calmaria” ou na “badalagem” da vida, nós vamos flutuando, lançando as redes da lida diária ou apenas saboreando a maresia que nos envolve, sem saber das possíveis tempestades que nos podem assolar ou em alto-mar ou mesmo perto de alguma costa. Então, vamos apenas flutuando.

Porém, algum dia, sem nenhuma “previsão meteorológica”, nosso barco é assolado por alguma tempestade. É momento de deixar de flutuar e ter de navegar!

Pequenas ou grandes tempestades o barquinho de nossa vida tem de enfrentar. Algumas vezes, poderá ser no mar da família, no mar dos estudos, no mar da profissão ou mesmo no mar da saúde. São as aprendizagens que podemos construir nas tempestades dessa última faceta que, como disse anteriormente, quero partilhar.

Um caminho longo ou curto: da saúde à doença

Sem dúvida, da saúde à doença existe um caminho que, com certeza, pode ser bem curto e que fazemos, muitas vezes, sem percebermos. O inverso, nem sempre parece ser assim! Foi o que experimentei quando, de repente, em fevereiro de 2018 fui confrontada com os primeiros sintomas do câncer. Sem dor ou nada que justificasse, tive crises de vômitos. Dois simples exames deram o primeiro alarme: um Ultrassom, indicando uma massa de grande volume no abdômen com presença de ascite, e o primeiro exame sanguíneo realizado, incluindo o marcador tumoral, o CA 125, que deveria ter um limite máximo de 35 UI/ml e alcançou um resultado de 3.794,5 Ul/ml. Diante de tal resultado, era preciso esclarecer um pouco mais a situação.

Sem alarmismo, mas acolhendo as exigências, veio o primeiro internamento para conclusão de exames e determinação de procedimentos. Um tempo de bastante sofrimento, com impossibilidade de controlar os vômitos. Verificou-se que o tumor comprimia e comprometia vários órgãos. Na verdade, já se encontrava no grau III (três). Teria de iniciar a quimioterapia, para reduzir o tamanho do tumor e, assim, facilitar a cirurgia.

Como os casos em família eram mais ou menos frequentes, não levei grande susto ou senti grandes temores; eu não era nem melhor nem pior de que meus outros familiares ou que a maioria das pessoas que enfrentavam tal situação. Com o tempo, descobri que era chamada a alguma coisa diferente, talvez, a um novo olhar sobre essa realidade.

Não era, certamente, o número de casos na família (vinte e dois) que me "tranquilizava", pois, antes, poderia assustar-me! Era a persistência em ver sempre para além dos acontecimentos e, ainda, vê-los de forma "díspar".

Queria aprofundar minha maneira de ver, mas não apenas com os olhos, também com o coração, pois, como dizia Saint Exupéry: "Apenas se vê bem com o coração, pois nas horas graves os olhos ficam cegos".

Pelas condições físicas, nessa primeira etapa da doença nem sempre conseguia rezar e pedia, muitas vezes, que minha irmã rezasse por mim, em meu nome. Era tocada por minha fé, que não via – nem "vê" – claramente: "Se és Tu, Senhor, faz com que eu caminhe sobre as águas" (Mt 4,28); uma das repostas de Jesus em outro momento: "Crê, somente"! (Mc 5,36b)

Naquele momento, não via e ainda agora não vejo claramente, mas não me preocupo, pois a fé não implica visão nem sentido. A fé não é sentir, mas saber; como dizia o poeta indiano R. Tagore: "A fé é o pássaro que sente a luz e canta quando a madrugada ainda é escura".

À medida que os exames iam decorrendo, nos momentos menos dolorosos, em que eu, às vezes, conseguia pensar ou rezar, aproveitava o tempo para saborear as lembranças do Carisma bebido ao longo de cerca de trinta e sete anos e recebido de Ana Maria Javouhey. Esta era uma mulher ímpar, capaz de olhar tudo na óptica da Divina Providência e perscrutar a Vontade de Deus em cada momento por meio dos acontecimentos, desde os mais simples aos mais complexos; uma verdadeira "mãe espiritual", sempre confiante que a Vontade de Deus é que todos tenham vida e em abundância, por isso a Vontade d'Ele é sempre melhor do que a nossa!

A certeza da ação de Deus, não tanto para me curar, mas para me fortalecer, fazia mais fortes as palavras e o Carisma de Ana Maria Javouhey. Ela, uma amante da Divina Providência, fazia-me ver, em cada acontecimento, a ação dessa Divina Providência. No decorrer de minha doença e de meus sofrimentos, era demasiado evidente essa ação que, para além de aliviar o corpo, fortalecia a alma e o psíquico.

O filósofo grego Epicteto dizia que "os homens são movidos e perturbados não pelas coisas, mas pelas opiniões que têm delas". Também isso me fazia questionar se meu pensamento e minhas reações, diante da doença e dos sofrimentos pelos quais eu passava, iriam ser guiados por elas ou pela forma como eu olhava esses mesmos sofrimentos e essa doença.

No meio da tempestade, eu sabia que nada sabia, por isso mesmo haveria alguma aprendizagem e, particularmente, outras formas de olhar a saúde, a doença e o hospital, de olhar minha própria realidade de doente, não de forma "vitimizante", mas de forma positiva e colaborativa. Dela eu nada sabia, apesar de acompanhar passo a passo os resultados de cada exame. Ainda como dizia Epicteto, "é impossível um homem aprender aquilo que ele acha que sabe". Sentia-me pronta para continuar aprendendo as lições que a vida, a doença e os testemunhos pudessem me ensinar, apoiada na Palavra de Deus e em um Carisma que, ainda hoje, quer falar ao mundo.

Minha convicção era de que precisava ter outro olhar sobre as realidades e os acontecimentos porque, afinal, fui e sou mais que minha doença, mais que a saúde, mais que meu corpo, cortado, abalado pela quimioterapia e radioterapia. Deus nos fez mais do que isso, e eu sabia que seu projeto era outro. Um projeto que, durante a doença, eu esperei e espero ansiosamente.

Confesso que, no decorrer do "primeiro" câncer, embora o "segundo" tenha sido apenas uma metástase, sofri muito; não que ao longo deste último tenha sido mais fácil. Sofri do ponto de vista físico, psíquico, moral e espiritual. Contudo meu propósito era sempre ensaiar um novo olhar sobre esse sofrimento, porque sou mais que meu sofrimento.

Tudo poderia ser ocasião de mais uma aprendizagem, e aí eu diria que nada seria uma "desgraça", arriscando mesmo contrariar o escritor W. Ernest Hocking que escrevia: "As únicas desgraças completas são as desgraças com as quais nada aprendemos".

Minha doença, minha dor, meu sofrimento (podem) podiam ser momento não de "desgraça incompleta", mas momento da graça de Deus para mim e para aqueles que me cercavam.

Quando em 1850 Ana Maria Javouhey escreveu a uma Irmã: "Ah, se a Irmã encarasse as coisas de maneira mais simples!", não sabia que, passados cerca de 168 anos, estaria ajudando a mim, com essa frase e seu Carisma apaixonado pelo cumprimento da Vontade de Deus.

Olhar as "coisas de maneira mais simples" não significava olhá-las com ingenuidade, mas redimensioná-las em sua verdade, sem dramas ou traumas, com a coragem necessária para enfrentá-las e a serenidade para bem vivê-las. E aqui cabe bem a oração da serenidade, muito utilizada pelos Grupos de Ajuda Mútua, como os Alcoólicos Anônimos:

Senhor, concedei-me a serenidade necessária
para aceitar as coisas que não posso mudar;
coragem para modificar aquelas que posso mudar;
e sabedoria para distinguir uma coisa da outra.

Eu sabia que nada poderia mudar, necessitava então manter a serenidade e pedir, também, a sabedoria para acolher cada momento com pureza de visão.

Nos dias que passava no hospital ou em casa, ia confirmando para mim mesma o que N. Tommaseo dizia, já no início do século XIX: "O homem que a dor não educou será sempre uma criança". Aquele momento, pois, deveria ser só mais uma ocasião de aprendizagem, de crescimento como tantos outros passados de forma diferente, com dores diferentes.

Os alicerces e fundamentos para aprofundar mais uma nova forma de olhar as coisas existiam, e como o grande filósofo Horácio dizia: "A adversidade desperta em nós capacidades que, em circunstâncias favoráveis, teriam ficado adormecidas". Meu caminho estava preparado!

2
VIVER A DOENÇA E CONTEMPLAR OUTROS LADOS DE UMA REALIDADE

A doença não deixa de ser uma Via-Sacra com um Calvário, não podia negar a dor e o sofrimento, pois os experimentava, contudo o mistério não termina no Calvário, mas nos montes da Galileia e no Cenáculo do Espírito. Era só esse passo que me faltava dar!

Enquanto não o dava, ia descobrindo outras formas de olhar as coisas.

Retomo, por isso, a partilha de minha vivência. Para uma melhor compreensão, volto à primeira fase da doença, a fim de tentar um pequeno percurso de reflexão.

Sem choque, sem medo, mas com muitas dúvidas, comecei vivenciando meu estado de doença. Na primeira fase, os vômitos eram diários e constantes, mesmo com os medicamentos no hospital. O tumor estava grande e comprimia diversos órgãos do abdômen, a cirurgia não poderia ser feita rapidamente, pois eu poderia mesmo perder um rim. Era necessário diminuir o tumor com a quimioterapia para depois seguir com a intervenção cirúrgica. Foram cerca de cinco meses de perdas que me debilitaram a ponto de não ter mais condições de me suster em pé.

Suspensas a água e a alimentação, restou a nutrição parenteral, para restituir um pouco de forças, uma vez que já não podia levantar-me da cama, e também para "estancar" os breves momentos de alucinação em relação à água que eu não podia ingerir.

Não haveria muito para aprender nesse estado? Sim, alguma coisa sobre meu limite pessoal, sobre a bondade das pessoas e sobre minha fragilidade, particularmente, sobre minha pequena tolerância e paciência. E, se havia alguma coisa para aprender, isso para mim não seria uma desgraça.

Às vezes, eu olhava as outras doentes que estavam comigo, geralmente, mais três. Havia dias em que eu pensava: "do grupo, hoje, sou a pior"; então, vinha algo de Ana Maria a minha mente. Algo como: "Nunca desanimemos na adversidade. Ela não dura para sempre. Ponhamos toda a nossa confiança em Deus". E, ainda, "não se atormente. A Cruz será sempre nossa força. É na tribulação que se revelam as almas fortes" (C 624). Eu que não fazia parte desse rol, mesmo assim, poderia tentar aprender ultrapassar a mim mesma, visto que eu fui e sou mais do que minha doença, mais que minha dor, mais que o sofrimento.

Depois da quimioterapia, depois da cirurgia e, novamente, meses de mais quimioterapia, as forças foram voltando e assumi, novamente, toda a minha missão. A adversidade, realmente, não dura para sempre!

Fortalecida pela fé, pela oração diária e pela força do Carisma da Bem-aventurada Ana Maria Javouhey, continuava com novos projetos, como a construção de uma capela, ainda apenas em sonho, e a primeira edição (caseira), em terras brasileiras, do pequeno livro de pensamentos extraídos das Cartas da Bem-aventurada, "Centelhas de Luzes", que, providencialmente, consegui concluir pouco antes do "segundo" câncer se manifestar.

Quase um ano depois do final do tratamento, começava a manifestação de outros sintomas, quase que imperceptíveis para mim: a minha capacidade de memória, de percepção e outras funções cognitivas começaram a ser comprometidas. Tudo muito insipidamente. Alguma dor de cabeça era sentida pontualmente e, inicialmente, sem grande intensidade.

As alterações iam ocorrendo sem que me apercebesse. Até que um dia, em uma pequena viagem realizada em uma tarde de domingo, uma de minhas irmãs que dirigia um carro atrás de mim notou que, com alguma frequência, eu invadia a faixa alheia. Depois de me ultrapassar, fez sinal para parar no acostamento e questionou-me se eu percebia que estava fazendo isso. Realmente, eu não tinha noção do que acontecia, a percepção espacial estava também comprometida sem que eu me desse conta.

No final da viagem, pensei: "devo estar muito cansada, é melhor ficar alguns dias com a família para descansar".

Não imaginava que a Providência de Deus iria guiar tudo, como sempre tem feito!

Acontecia, realmente, o que Ana Maria Javouhey escrevia em uma de suas cartas: "Não podemos pôr em dúvida o cuidado da Divina Providência que toma tão bem conta de nós; a única coisa que eu receio é dar um passo contra a Vontade de Deus" (C 628).

É assim, quando o homem "dá" liberdade a Deus, Ele age por meio de sua Divina Providência, a graça de Deus que atua por meio dos corações de homens e mulheres, dos lábios, dos pés e das mãos de seus filhos que se tornam, também, canais da graça de Deus. Providencial foi minha paragem, pois, durante o curto período de menos de uma semana, as dores de cabeça aumentaram exponencialmente e o nível de percepção mais comprometido se tornara. Haveria de apelar para atenção médica e hospitalar, pois, do ponto de vista motor, também já se começava a manifestar alguns sintomas.

Uma de minhas irmãs, a mesma que dirigia atrás de mim, vendo meu estado agravar-se rapidamente, contatou, então, a uma Irmã de meu Instituto Religioso que pediu ao Frei Francisco Belotti que nos ajudasse a encontrar um bom neurologista. A Divina Providência colocou em nosso caminho um excelente neurocirurgião. Com o nível de consciência um pouco alterado, eu respondia a todas as questões que faziam, contudo, daquele momento e dos momentos que antecederam a cirurgia, nenhuma memória me é presente. Foi algo que aconteceu, também, com as vivências dos quatro meses que antecederam a cirurgia, dos quais me recordo apenas de alguns flashes.

Uma segunda e terceira cirurgia

Os exames realizados de urgência revelaram, como mencionamos anteriormente, dois tumores cerebrais, um na região temporal direita e outro no cerebelo. Nesse momento, meu nível de consciência já estava bastante alterado, e as poucas coisas que sei foram relatadas posteriormente, entre a primeira e a segunda cirurgia, quando retomei a consciência. São informações fornecidas por minha irmã que me acompanhava todo o tempo. Antes da primeira cirurgia do cérebro, toda a família foi chamada, mas dessa presença não há memórias, apenas um ou outro flash.

Como a pressão intracraniana elevava-se demasiadamente, a cirurgia deveria ser realizada o mais rápido possível. Os riscos de sequelas eram muito elevados, mas não haveria alternativa.

Como referi anteriormente, a primeira cirurgia no cérebro foi na região temporal para extrair o tumor maior e, assim, diminuir a pressão intracraniana. Apesar dos riscos elevados de sequelas, a intervenção cirúrgica correu, providencialmente, bem, e depois de dois dias na Unidade de Cuidados Intensivos, em um primeiro domingo do mês de setembro, fui transferida para a enfermaria. O nível de consciência ainda não era completo, por isso a percepção e a memória desse retorno eram vagas, somente a partir da segunda-feira percebi que tudo tinha corrido bem.

Logo que o nível de consciência voltou ao "normal", transferiram-me para outra enfermaria, e eu brinquei com as doentes da enfermaria e o pessoal de saúde, dizendo que eu havia sofrido "ordem de despejo", pois não pagara o "aluguel"!

Não tinha forças suficientes para suster-me em pé sozinha, mas, com ajuda de minhas irmãs, que se revezavam 24 horas por dia, eu conseguia me locomover até o banheiro.

Havia momentos nos quais o ambiente da enfermaria se tornava "pesado", devido a nossos múltiplos problemas de saúde que se manifestavam. Dessa vez, o serviço não era o de oncologia, como no ano anterior. Eu sentia que eu poderia fazer algo para descontrair o ambiente e aliviar algum sofrimento, não tanto físico, mas moral e espiritual. A Beata Ana Maria Javouhey dizia: "Queria estar em toda parte onde houvesse bem a fazer e sofrimento a aliviar". Para mim o hospital era um lugar privilegiado!

Como doente, eu tinha "espaço" para falar às outras doentes, pois passava por situações mais complicadas.

Assim, com ajuda do Carisma da Bem-aventurada Ana Maria Javouhey, ia tentando passar novas formas de olhar as realidades. Formas que pudessem ajudar a olhar as coisas de maneira diferente e não catastrófica.

Saliento aqui o papel do humor, tão importante para mim, sobretudo, para abrir canais de comunicação. Essa era minha via preferida, que eu utilizava sempre para minha própria situação pessoal. Assim a maca e a cadeira de rodas se "transformaram" em "Uber", a demora para o Centro Cirúrgico em um problema de trânsito etc.

Eu soltava minha imaginação para tentar descontrair o ambiente e abrir portas para, logo a seguir, passar minha mensagem de confiança, de esperança e de novas formas de olhar os acontecimentos. Para mim, era importante passar essas formas diferentes para minhas "colegas" de enfermaria. Isso, com certeza, tornava-se o melhor "barraco" do hospital.

Eu queria aproveitar o máximo do bom humor e dizia à equipe de saúde que a "bola tinha batido na trave, mas ainda não entrara no gol". Lembrava daquilo que Viktor Frankl, que viveu tempos bem conturbados e três anos em Campos de Concentração, durante a Segunda Guerra Mundial, escreveu: "A vontade de humor – a tentativa de enxergar as coisas numa perspectiva engraçada – constitui um truque útil para a arte de viver".

Após a cirurgia da região temporal, no momento da visita médica, em uma segunda-feira, tive novas informações acerca da cirurgia no cerebelo, a qual iria acontecer na sexta-feira. Foram novos esclarecimentos sobre possíveis sequelas, dessa vez com maior risco para a capacidade motora.

Eu queria reagir, novamente com humor. Por isso minha palavra à equipe médica foi: "Vamos a isso, doutor, se voltar só com cinquenta por cento de minhas capacidades, tudo bem, não se preocupe! Depois corremos atrás dos outros cinquenta!"

Na ocasião, lembrava-me o que dizia Santo Agostinho "a dor de ter perdido não supera a alegria de um dia ter possuído".

Sentia-me preparada para as eventualidades e queria me manter confiante em Deus e em sua Divina Providência, que, até então, tinha tudo conduzido. Aproveitava para agradecer a toda a equipe os cuidados e a boa intervenção da região temporal. Afinal, embora o tumor fosse grande, eu ainda estava viva e consciente!

Durante o tempo de uma cirurgia para outra, era preciso não me deixar abater pelos riscos de sequelas, particularmente, naquele momento em que estava mais consciente e que já experimentava algumas dificuldades decorrentes da primeira cirurgia do cérebro. Era preciso apenas confiar, abandonar-me nas mãos de Deus e esperar.

A escola da fé e o Carisma de Ana Maria ajudavam-me a olhar as coisas e os acontecimentos não apenas de uma forma ou de um ângulo, ajudavam-me a ver além das evidências. Eu sabia que para cada porta que se fechava, uma janela se abriria, até abrir-se a da eternidade, a que tanto aspirava e ainda aspiro.

Aquela semana serviu para eu aprofundar minha confiança, a forma de olhar as coisas e de partilhar o dom do Carisma, que era e é para mim um tesouro.

Deus cuida de nós, essa era e é minha convicção. Por meio da Divina Providência, Ele cuida de seus filhos! Isso foi o que aconteceu logo após, durante e antes da realização dos exames que determinaram a urgência da intervenção. Deus agiu com sua Divina Providência por intermédio de múltiplas pessoas, profissionais de saúde e outros que foram e continuam sendo canais da graça de Deus.

Para mim a semana que decorreu entre uma cirurgia e outra foi de reflexão, de meditação sobre o Querer de Deus e sobre a ação de sua Divina Providência. Daí, também, minha consciência de que deveria aproveitar aquele espaço e tempo para realizar minha missão. Eu estava fora de meu conhecido ambiente de oncologia, onde havia sofrimento, dores, dificuldades de acolhimento da doença e dos limites por ela gerados.

Quando percebia que tudo estava ficando muito pesado, procurava o humor para nos ajudar, por isso, após a retirada do primeiro curativo, aproveitei para brincar com o corte de cabelo "ultramoderno", feito meio às pressas, creio eu! (Só um dos lados do cabelo havia sido cortado)! A risada foi geral. Eu tinha acabado de olhar-me no espelho e via que realmente estava muito "especial"!

Para a segunda intervenção, na véspera, providenciamos um corte "geral" para não ficar muito "extraterrestre" ao deixar a "moda punk".

Como muitos já me conheciam no ambiente devido às mudanças de serviço e de enfermarias, quando saía ao corredor de cadeira de rodas, o "Uber", ou, posteriormente, com apoio de minha irmã, havia mesmo quem brincasse com o corte de cabelo, que eu dizia ser modelo de marca e que exigia registro da marca e autorização para reprodução. Quem sabe, talvez, uma espécie de franquia!

Durante o dia, íamos passando o tempo entre exames e intervenções mais ou menos dolorosas e as "brincadeiras", geralmente, envolvendo-me.

Eu aguardava, sem ansiedade, a nova sexta-feira, pois sabia que estava em boas mãos. Apesar disso, eu não sabia o que aconteceria na segunda cirurgia, poderia haver sequelas e ficar com problemas na motricidade, no equilíbrio e sem andar. De qualquer forma, não desejava que nenhuma preocupação me atrapalhasse na missão que queria abraçar naqueles poucos dias que tinha.

Com minhas amigas de enfermaria queria apenas partilhar a alegria de viver e outras formas de olhar a doença, a dor e o sofrimento. Isso não aliviaria em nada meu sofrimento e o delas, mas poderia ajudar e dar forças para passar as tempestades que na vida vamos enfrentando e que em vez de nos destruir podem nos fortalecer. Como dizia o filósofo Epicuro: "Os grandes navegadores devem sua reputação aos temporais e às tempestades".

Conforme tenho referido ao longo destas páginas, eu desejava ajudar a criar novas formas de olhar os acontecimentos, convicta de que nunca deverão ser as únicas.

De qualquer forma, não gostaria de passar aqueles dias como um barco perdido e soçobrado pelas vagas do sofrimento, pelo medo das sequelas e da morte, o que em meu coração não existia nem existe. Se o sofrimento era real, as sequelas e a morte eram sempre uma hipótese, e eu não queria que nem os sofrimentos nem as hipóteses determinassem minhas reações. Queria e quero navegar sabendo que, com a Divina Providência, chegarei a bom porto.

Cada contato, cada situação que acontecia na enfermaria era momento de exercitar novas formas de olhar. Formas que nos ajudavam a meditar sobre a presença carinhosa de Deus, que nos ama e, por meio de sua Divina Providência, cuida de nós. Não poderia guardar para mim aprendizagens feitas com a Palavra de Deus e o Carisma com que Ele dotou Ana Maria Javouhey.

Meu sofrimento em nada era resolvido, mas, talvez, fosse aliviado pelas forças dele extraídas. Para além de desenvolver um pouco mais meu olhar, queria que aqueles dias fossem, realmente, uma missão. Pois, como dizia Viktor E. Frankl: "Se não está em suas mãos mudar uma situação que lhe causa dor, sempre poderá escolher a atitude com que encara esse sofrimento".

Como já referi anteriormente, não sabia o que aconteceria naquela nova cirurgia que se aproximava, mas aproveitava o tempo para, durante o dia, ajudar a animar o ambiente e passar um pouco do Carisma da Beata Ana Maria, pois sabia e sei que é um Carisma que tem muito a dizer ao mundo de hoje, onde as pessoas se pensam eternamente autossuficientes uns dos outros e de Deus.

Na primeira cirurgia, estava com o estado de consciência bastante alterado, não sei o que havia acontecido imediatamente antes, muito menos durante e após. Na segunda cirurgia, sentia alguma coisa diferente. Fisicamente sentia falta de forças para me suster em pé sozinha. Contudo, psicológica e espiritualmente, sentia-me bem; mais uma vez a ação da Providência de Deus!

À noite, era pontual o despertar pouco antes das três horas, hora da Misericórdia, e eu sentia esse despertar como um apelo à oração. Por isso, no silêncio da noite, começava rezando o Terço da Misericórdia. A seguir, lendo a Palavra de Deus por meio do celular, passava à meditação da Palavra, seguida de outras orações até o amanhecer, que quase não demorava.

Minhas noites tornaram-se, assim, banhadas pela oração, que apelidei de oração restauradora, embora ela não tivesse nada de novo. No outro dia, nenhum sinal de cansaço e desânimo. Rezar não cansa! Eu via isso como um dom de Deus que se prolongou por vários meses.

Isso também se tornava fonte de bom humor, de forças e de ânimo para, durante o dia, apoiar, consolar, animar minhas "amigas" de enfermaria e todo o pessoal que se aproximava de nós.

Pontualmente, depois de alguma palavra de encorajamento, oferecia um pequeno livro com extratos das cartas da Bem-aventurada Ana Maria Javouhey. Eu sabia que, tal como essas mensagens me ajudaram a percepcionar as coisas de forma diferente, também poderiam ajudar as outras pessoas. Sabia que era e é um dom a partilhar e que eu seria muito egoísta se não aproveitasse esse tempo de doença para partilhar aquilo que para mim sempre foi um tesouro.

Assim, passou-se uma semana e vi que, mesmo estando sob cuidados, eu também poderia "cuidar" de outras pessoas, ainda que de forma diferente.

Na tranquilidade, chegou a sexta-feira; já se tinha providenciado um "novo corte" de cabelo. Dessa vez eu não "lançaria" nenhuma moda nova! Não me sentia ansiosa e preferia brincar com minhas "amigas" de enfermaria e com o maqueiro. Mais uma vez, o "Uber" não se tinha atrasado!

Lá íamos para mais uma batalha! Dessa vez acordei ainda na UTI e, ao contrário da primeira vez, o nível de consciência era até elevado; ainda assim passei algum tempo em observação. Foi deste modo que continuei meu ritmo diário: rezando e esperando o regresso à enfermaria. Aqueles pacientes na UTI também precisavam de minha oração, visto que ali não podia fazer outras coisas por eles.

No dia seguinte, ainda pela manhã, uma Irmã que trabalhava no hospital perguntou-me se eu queria receber a Sagrada Comunhão. Como me sentia pouco preparada, perguntei-lhe, mesmo sem alta prevista, se não poderia levá-la às 16h30 à enfermaria. A Irmã respondeu positivamente. Meu desafio a seguir foi "convencer" o médico intensivista de que eu estava bem, mesmo não sendo capaz de suster-me em pé, devido à falta de forças e equilíbrio. Mas o problema não era só esse, eram os exames laboratoriais que apenas gradualmente foram melhorando.

Eu rezava e pedia a Deus que eu chegasse às 16h30 à enfermaria, contudo aceitaria permanecer se o médico assim determinasse. Eu sabia que melhoras nos exames laboratoriais iriam acontecer. Por volta das 16h10, resolvi perguntar ao médico se não teria alta da UTI. Ele olhou para mim e disse: sim, pode ir. Rapidamente tudo se providenciou e lá fui eu para a enfermaria onde, realmente, cheguei às 16h30, mas já não na mesma! Das companhias anteriores, apenas uma doente tinha ficado e sido transferida, os outros dois leitos tinham sido ocupados por outras doentes.

Como disse anteriormente, cheguei à enfermaria em cadeira de rodas e bem desperta. Diferentemente da primeira cirurgia no cérebro. Antes de passar do "Uber" para a cama, ainda deu para brincar com as novas "colegas", uma vez que eu havia sido "despejada" da outra enfermaria por não ter "pagado aluguel"!

Naquela tarde não deu para receber a Sagrada Comunhão, isso só foi possível já pelas 20h. Era um primeiro sábado do mês de setembro, e Maria tinha passado à frente.

Novamente, como na primeira cirurgia, com exceção de algumas dificuldades do pós-operatório, nenhuma sequela comprometedora era observada. Apenas o que dissemos anteriormente, como falta de forças, particularmente, dos membros inferiores, desequilíbrio e perda de uma parte da memória mais recente.

Os profissionais de saúde se surpreendiam com minha capacidade de recuperação, e eu dava graças a Deus e a Sua Divina Providência que me conduzira até aquela Instituição e àqueles profissionais. Muitas vezes eu lhes dizia com a convicção que tenho ainda hoje: "Obrigada! Vocês foram e são canais da graça de Deus; continuem a sê-lo para todos os doentes".

Eu tinha desejo de alta hospitalar o mais rápido possível, de passar o aniversário de minha irmã com a família, contudo não queria manifestá-lo muito, pelos riscos de uma alta precoce. Faltava uma semana, e eu estava disposta a intervir um "pouco" para obter alta, embora também estivesse sempre disposta a acatar qualquer decisão médica, pois sabia que Deus agia por intermédio deles. Tinha a consciência de que sempre procurariam decidir o melhor para mim.

Enquanto não havia nenhum sinal de alta, decidi continuar minha missão no sábado e no domingo. Na segunda-feira de manhã, eu dizia a minha Irmã: vamos ver o que teremos hoje! Se não falarem nada da alta, até quinta-feira eu vou questionar se não é possível ir para casa. E, quando menos esperava, na mesma segunda-feira, a equipe médica passou, fez nova avaliação e, sem encontrar grandes problemas ou alterações, disse-me que eu estava de alta. Mais uma vez, a Divina Providência agindo!

Para surpresa de todos, tive alta hospitalar naquele mesmo dia, com apenas algumas dificuldades no andar, no equilíbrio e na memória, pois não conseguia recordar alguns fatos dos últimos quatro meses que antecederam a cirurgia.

Os médicos se referiam à possibilidade de recuperação em alguns meses, o que realmente aconteceu, primeiramente, com o equilíbrio, quase que um presente de Natal adiantado! É claro que a saga da radioterapia e quimioterapia continuou, mas eu sabia que era preciso e queria enfrentar, ainda que nem sempre passasse bem.

Só Deus sabia o que conseguiríamos a partir daquele momento, pois estava ciente de que o fator hereditário, com alteração genética de uma proteína, da variante germinativa C2176_2177 delCT no gene BRCA1, que resulta em uma "Síndrome de Predisposição ao Câncer", poderia ter sua repercussão na evolução da doença, com o surgimento de outros tumores em outros locais do corpo, de acordo com relatório médico e conforme aconteceu, por exemplo, com outros familiares. Contudo sei que Deus também é o Senhor do fator genético! Sem alteração genética ou com alteração, Ele cuidou e cuida de mim! Sem dúvida, compreendia que havia um grande obstáculo à manutenção da minha saúde, mas não me importava, pois, como dizia Saint Exupéry: "Só podemos medir nossa força quando nos deparamos com um obstáculo" e "só crescemos à medida que nos damos algo mais alto que nós mesmos". Também, há uma frase do Apóstolo Paulo que, desde muito tempo, marca minha caminhada na fé: "Sei em quem pus minha confiança" (2Tm 2,12).

Ao longo da doença, desde o primeiro momento, sempre pedi a minhas coirmãs que não rezassem por minha cura, mas que rezassem para que a Vontade/ o Querer de Deus se realizasse em minha vida, pois *sua Vontade é sempre melhor do que a nossa.* É verdade que a sintonia entre nosso querer e o Querer de Deus é um caminho longo, nem sempre fácil e concluso. Essa foi e é a percepção que tenho desenvolvido ao longo de muitos anos dentro da vida consagrada religiosa.

Como fui sempre ajudada pelo carisma de Ana Maria Javouhey, ficaria em falta se não abrisse, aqui, um espaço para partilhar a riqueza de um ou outro pensamento dela e de algum aspecto de seu carisma.

3
CARISMA: UM DOM A SER PARTILHADO

Tudo o que recebemos de Deus é um dom, e um dom para ser partilhado! Nada do que Ele nos deu é para guardarmos apenas para nós. Sem dúvida, o primeiro lugar de partilha é a família e a comunidade que nos circunda. Só assim vamos formando um círculo espiral cada vez mais largo de bondade, de partilha e de amor.

Penso que a saúde sim seja um dom. Não creio que a doença seja um dom, mas uma ocasião em que se podem manifestar muitos dons.

Como me referi anteriormente, Shakespeare dizia que "quando o mar está calmo, todos os barcos flutuam, quando o mar está bravo, poucos barcos navegam", e Epicuro notava que "os grandes navegadores devem sua reputação aos temporais e às tempestades", Ana Maria assinalava a suas irmãs que "é na tribulação que se revelam as almas fortes". O que não significa que elas não sintam a dor, o sofrimento e que não derramem lágrimas. Como dizia Ugo Fóscolo "cada lágrima ensina-nos uma verdade". É preciso, pois, estarmos atentos!

Ainda hoje sou envolvida pelo carisma da Bem-aventurada Ana Maria Javouhey e foi assim que, no pequeno barco de minha vida, enfrentei, e enfrento, as tempestades que me assolaram. Penso que é esse carisma juntamente com a Palavra de Deus que me sustentam. E, se ele é um dom que me ajuda, então é algo a partilhar. Partilhar é dar algo de si, e como dizia Saint-Exupéry, "quando você dá de si mesmo, você recebe mais do que dá" e "a verdadeira solidariedade começa onde não se espera nada em troca".

Falar do carisma com que Deus dotou Ana Maria Javouhey é falar da busca do Querer Divino, daquilo que costumamos chamar de Vontade de Deus ou a Vontade do Pai.

Estamos, assim, falando de busca, de algo dinâmico e não de fatalidade como algumas expressões podem conduzir-nos a supor.

Ana Maria Javouhey percebia muito bem a necessidade da busca do Querer de Deus / da Vontade de Deus nas situações, em sua vida e no mundo do seu tempo, por isso não desejava outra coisa senão que ela se realizasse plenamente.

Uma percepção correta do Querer/ da Vontade de Deus

Como já referi anteriormente, muito frequentemente nosso povo associou as fatalidades à Vontade de Deus. Creio que tal associação nos levou a mais do que buscar a Vontade de Deus nos acontecimentos, a passar a temê-la.

Durante muitos momentos da noite e do dia, ao longo dessa minha doença, refleti sobre o Querer de Deus, ou seja, Sua Santa Vontade. Eu sabia que a Sua Vontade era que eu tivesse vida em abundância, que Ele me deu no dia de meu batismo; essa vida não seria de doença.

Então me perguntava: por que carregava a doença há mais de um ano? Ele simplesmente permitia, respeitava o curso da natureza, cujas alterações me tornaram vulnerável.

Nosso povo simples, perante uma fatalidade, acolhe com resignação ou revolta aquilo que lhe parece ser expressão da Vontade de Deus. Contudo, nessas situações, é preciso busca, aprendizagem e um olhar diferente para perscrutar como Deus manifesta seu Querer naquele momento.

Para aqueles que não creem, há só a hipótese de fatalidade ou mesmo do acaso, do azar ou da "desgraça". Mas Deus não pode querer a "desgraça", porque Ele mesmo é só Graça, a verdadeira Graça. Contudo Ele respeita o curso da natureza, inclusive a humana, pois, como diz São Tomás d'Aquino, "a graça supõe a natureza".

Eu acredito que só a abertura à graça pode fazer com que a natureza seja ela mesma, ainda que debilitada ou não, macerada ou não. Só por si, a natureza se perde, mas pelo dedo da graça ela revive. Mas também a graça se manifesta somente se nos mantivermos abertos.

Longe de associarmos a Vontade de Deus às fatalidades e catástrofes, teríamos a tarefa de purificar e renovar nosso olhar para, em todas as situações, procurar o que

Deus nos diz nesses momentos e em outros momentos de nossa vida, sejam eles de alegria, de tristeza, de felicidade ou de dor.

Penso que é aqui que as palavras "sabedoria" e "discernimento" encontram todo o seu espaço.

Olhar as coisas de modo perscrutador é tentar olhar de forma diferente, com sabedoria e discernimento. Na doença, não se trata de querer, ingenuamente, negar a dor, o sofrimento, o dano ou mesmo aquilo que nos tira as forças físicas e que não é bom, antes se trata de aprender extrair sabedoria dos acontecimentos e das situações pelas quais passamos.

Já ouvi dizer por aí que um dos problemas do nosso mundo é que há muitos inteligentes e poucos sábios. Foi particularmente em um encontro sobre a Educação Cluny na Índia que eu fiquei convencida de que realmente esse era um problema, quando entre várias colocações ouvi o seguinte do Secretário-Geral da Conferência dos Bispos da Índia: "Um dia, Dr. Haim G. Ginott, o famoso autor de best-sellers como 'Mestre e aluno', 'Entre Pais e Adolescentes' e Professor da Faculdade de Psicologia, na Universidade de New York, recebeu a seguinte carta de um sobrevivente de um campo de concentração. Nela se lia: 'Senhor, sou sobrevivente de um campo de concentração. Meus olhos viram o que nunca ninguém deveria ter visto: câmaras de gás construídas por sábios engenheiros, crianças envenenadas por médicos instruídos, bebês mortos por enfermeiras diplomadas, mulheres e crianças fuziladas por diplomados das Altas Escolas e

Universidades. Por isso tenho minhas dúvidas quanto à educação. Meu pedido é o seguinte: *ajudai vossos alunos a serem humanos*. Nunca permitais que vossos esforços produzam monstros sábios, psicopatas competentes ou Eichmanns instruídos. A história, a escrita, a ortografia, a aritmética e a ciência só são importantes se servem para fazer de nossos alunos seres humanos'".

Na ocasião, percebi mais claramente a diferença entre inteligência e sabedoria, compreendi que esta última pode nos dar um olhar diferente sobre a vida, as coisas, o mundo, os acontecimentos e as realidades de cada dia; na verdade, um olhar que se fundamenta em verdadeiros valores e não em ambições pessoais, grupais e outras verdadeiras ilusões de quem se pensa dono da vida e do mundo.

Por fim, para ilustrar um pouco mais o papel da sabedoria, que nos permite olhar as coisas de forma diferente, Dom Percival Fernandez narrou a seguinte situação: "Em um curso de comércio na Universidade de Wisconsins, Stevens Piont, USA, os alunos deviam entrevistar certo número de pessoas da localidade e fazer um relatório. Um estudante achava que esse trabalho era uma perda de tempo até que falou com um camponês de 76 anos. Ele perguntou-lhe: Qual é sua instrução? O homem, em sua maneira simples e profunda, respondeu-lhe: 'Seis anos a estudar e setenta anos a aprender'".

Certamente aquele camponês tinha um olhar mais amplo e benfazejo da vida. Na base de sua maneira simples, porém mais profunda de seu olhar, estava a sabedoria, que lhe brotava do coração e da mente de quem se sente pequeno, mas nunca deixa de aprender.

Sem essa maneira simples e profunda, torna-se difícil uma percepção correta do Querer / da Vontade de Deus. Ana Maria Javouhey tinha essa sabedoria e percepção, por isso se arriscava a fazer tudo como se tudo dependesse de si, sabendo que, na realidade, só Deus tudo poderia. Como ela escrevia em uma de suas cartas: “Deus não se deixa vencer em generosidade” (C 924).

Tal como Ana Maria Javouhey, Dom Percival Fernandez assinalava a importância de se formar pessoas com uma forte personalidade e uma “larga visão”. Essa “larga visão” contém em si algo mais do que a visão de nosso “estreito” mundo, marcado na atualidade pelo imediatismo, relativismo, consumismo e pela tentativa de afastamento de toda e qualquer possibilidade de frustração, por nosso egoísmo, que nada nos faz ver a não ser a nós mesmos, nossos desejos e nossas necessidades. É essa “larga visão”, esse olhar para além do evidente e aparente que nos permite entrar na busca do Querer/ da Vontade de Deus em nossa vida.

Quando ficamos apenas no imediatismo, relativismo e consumismo, podemos assistir àquilo que diz um provérbio oriental: “Homens fortes criam/criaram tempos fáceis. Tempos fáceis geram/geraram homens fracos, mas homens fracos criam tempos difíceis e tempo difíceis geram homens fortes”. Se assim é, podemos nos perguntar que tipo de homem ou de mulher somos nós? Que tipo de tempo estamos criando e vivendo? Contudo, na verdade, a pergunta fundamental é: o que Deus espera de nós? Qual é seu querer sobre nós? Queremos apenas flutuar ou, também, navegar?

Ana Maria, que cresceu durante a grande revolução francesa, conhecia a bondade e a ternura de Deus, que era Pai. Sabia, também, que a ternura de Deus não é fraqueza. Com um olhar límpido e amplo, percebeu que Ele não a deixaria crescer enviesada. "Se Ele é um Pai cheio de piedade, é, também, o Pai-Vinhateiro que deixa a vinha ser podada, e Ele mesmo a poda para que dê muito fruto. Ele a poda com conhecimento, retirando a cada um, com precisão e justeza, o que o torna 'feio'", é o que nos escreve a Irmã Marie-Suzel Gérard.

A Bem-aventurada Ana Maria tinha um olhar perscrutador, que lhe permitia ver nos acontecimentos e nas situações como a Vontade de Deus ia se revelando. Não lhe faltavam nem sabedoria nem discernimento, por isso podia ver além dos acontecimentos. Conseguia ver diferentes ângulos e descobrir diferentes aspectos da realidade. Com tudo aprendia, porque em tudo procurava a Vontade de Deus. Por isso que a procura do Querer de Deus parece-me condição fundamental para aprender alguma coisa em meio às tempestades.

Quando, em seu livro, "Um Caminho de Santidade na Igreja", a Irmã Marie-Suzel Gérard falava sobre Ana Maria Javouhey e sua espiritualidade, colocava a busca da Vontade de Deus como o "bem mais precioso". Em seu livro a Ir. Marie-Suzel faz as seguintes colocações:

"Deus é, ao mesmo tempo, Aquele que nos ama e Aquele que nunca se engana. Conhece-nos melhor que nós próprios; conhece o 'ontem, o hoje e o amanhã'", quer dizer, nosso passado, de que esquecemos muitas coisas; nosso presente, que analisamos mal; e nosso futuro, do qual nada sabemos! Confiar-se a Ele é, portanto, a verdadeira sabedoria, e entrar em sua Vontade é muito importante, para crescer nessa sabedoria.

Assim, "fazer a Vontade de Deus é sempre uma graça, uma 'sorte' e nunca uma infelicidade!" A espiritualidade popular muitas vezes identificou "Vontade" de Deus e "infelicidade". "Em nossa maneira de falar habitual, associamos essa expressão de fé com as calamidades que se abatem sobre nós: há um ciclone devastador? É Vontade de Deus! Há um desastre que arruína famílias? É Vontade de Deus! E o resto, nessa proporção. Isso cria em nós uma atitude muito negativa em relação à Vontade de Deus; tem-se medo dela, é-se tentado a rejeitá-la; nada disso houve em Ana Maria." Ela entendia, como assinalamos anteriormente, que a Vontade de Deus é "que todos tenham vida e vida em abundância"!

Ana Maria tinha da Vontade de Deus uma concepção muito positiva, sempre verificada pela experiência. O êxito e o sucesso para ela estavam ligados intimamente à Vontade de Deus. É o que podemos ver na referência que se segue.

"Tenho projetos que me parecem vir de Deus, uma vez que Ele dá o êxito, apesar de todas as oposições e contrariedades, até contra toda a esperança..." (C 351-1).

A noção de felicidade no cumprimento da Vontade de Deus é fundamental para aquela a quem Deus, nosso Pai, faz saborear sua ternura. Muitas vezes repete: "Sou feliz, faço a Vontade de Deus". "Nunca se é infeliz, quando se faz a Vontade de Deus..." (C 375-3)

Sabe que não somos abandonados, lançados no vazio! Deus indica sempre o caminho a seguir. Por isso escrevia: "Coragem, nunca desanime; Deus vai dar-nos as luzes e faremos sua Vontade" (C 972-1).

Para Ana Maria "é preciso ver o dedo de Deus e deixar-se levar por sua mão". Uma mão que nos conduz e que se chama Divina Providência!

A ação da Divina Providência segundo Ana Maria Javouhey

Com seu espírito de fé, simplicidade e bondade que lhes eram próprios, Ana Maria perscrutava com a sabedoria de seu olhar o Querer de Deus em todas as situações. Sua existência era toda para Deus e para os irmãos.

Reconhecendo sua pequenez e a grandeza da missão que lhe fora confiada, ao longo de toda a sua vida, teve sempre muita devoção e confiança na Divina Providência, ou seja, na ação apaixonada de Deus por seus filhos. Ana Maria sentia-se uma filha querida e amada por Deus. Compreendia bem a ação dessa Providência, por isso, em suas cartas, deixou-nos muitos ensinamentos.

Ela insistia que, para darmos espaço para Deus agir, importa desenvolvermos um coração simples, humilde, sábio e confiante. É esse coração que nos permite ver como Deus vai agindo por meio de Sua Divina Providência. Apenas esse olhar diferente mostrará para aquele que crê no mais profundo do coração que, no bem, não existe coincidência, mas sim, Providência.

Sem muitos comentários, gostaria apenas de refletir sobre alguns aspectos que podemos aprender com a vivência e os conselhos de Ana Maria.

Um dos aspectos é a confiança inabalável na Divina Providência. Essa confiança é mencionada em muitas de suas cartas, mesmo no início de sua vocação e missão. Cedo ela mostra um olhar contemplativo e de admiração diante da intervenção divina. Escrevia ela: "Admiro a Providência Divina ao ver como Ela conduz as coisas quando tudo parece impossível" (C 9).

Antes da primeira intervenção no cérebro, devido a meu estado de consciência, não pude admirar a ação dessa Providência. Contudo, após tomar consciência do que ocorrera, percebi o quanto ela tinha agido, colocando-me no lugar certo, no momento certo e nas mãos de pessoas certas.

Preparando-se para sua Consagração a Deus, Ana Maria escreveu nos apontamentos de seu retiro: "Procurarei nunca ter receio nem desconfiança de Sua Divina Providência, minha confiança em Sua Bondade nunca pode ser demais".

Ela já fizera muitas vezes a experiência do Deus Providente, que, em sua Bondade, vai ao encontro de seus filhos e de suas necessidades. Por isso sua confiança nunca poderia ser demais. Também a minha não poderia nem pode ser demais. Afinal, Deus sabia e sabe o que é e será melhor para mim.

Ana Maria colocava tudo nas mãos de Deus, que, no momento certo e da forma certa, agiria por meio de sua Divina Providência para que sua Bondade e sua Glória se manifestassem. "Meus projetos estão nas mãos da Divina Providência. Seja qual for o rumo que tomem, tudo aceito, contanto que seja para a glória de Deus" (C 18).

Em maio de 1828 escreveu: "Vou cumprir minha missão, (fazer tudo como se dependesse de mim) e confiar-me inteiramente aos Braços da Divina Providência, que parece conduzir-me pela mão (sabendo que tudo depende de Deus); minha confiança é total". Aqui, também, poderíamos repetir e fazer a experiência do Apóstolo Paulo: "Sei em quem pus minha confiança" (2Tm 2,12).

Em tempos de dificuldade, ela nos convidava ao abandono filial: "Lancemo-nos nos braços da Divina Providência. Abandonemo-nos a seus cuidados" (C 107).

Esse apelo à confiança na Divina Providência é quase que uma constante em suas palavras e seu testemunho. Repetia ela: "A Providência vela e continuará velando por nós. Por isso tenhamos confiança quanto ao futuro" (C 339). E ainda: "Tenham uma total confiança na Divina Providência. Ela nunca abandona seus filhos" (C 246). "Tenhamos grande confiança na Divina Providência, que nos prova, por vezes, mas nunca nos abandona" (C 343).

Em Deus ela confiava, em Deus não se perturbava, pois estava convicta de que, no momento certo, Ele agiria, por meio de Sua Providência.

Ela nos convidava "Repousemos em Deus e seremos sempre felizes. Sua Providência vela sobre nós. Dá-nos tantos sinais de sua bondade, que seríamos muito culpadas se não tivéssemos uma inteira confiança" (C 385).

Certamente, o convite não é para a inércia, mas sim para a serenidade e para a paz. E o motivo é que a Providência cuida de nós, principalmente, quando fazemos todo o possível e o "todo" escapa de nosso controle.

Sua confiança era tão grande que era capaz de tudo colocar nas mãos de Deus, antes, durante e mesmo depois de todas as inventivas fracassarem ou terem sucesso. Do abandono chegava à paz, sem medos ou histerias; nunca se entregava à inércia ou a processos de negação. Como dizia Santo Inácio de Loyola: "Faça tudo como se tudo dependesse de si, sabendo que tudo depende de Deus".

Ainda no final de sua vida podemos observar o quanto sua confiança na Providência de Deus lhe ajudou a continuar firme na missão que o Senhor lhe confiou.

Por isso, perante decisões e problemas ainda, um ano antes de sua morte, escreveu: "A Providência virá em nossa ajuda, tenho toda a confiança" (C 981).

A limpidez de seu olhar a levava a perceber a mão de Deus em tudo, por isso ela confiava e escrevia: "Admiro a Providência Divina ao ver como Ela conduz as coisas quando tudo parece impossível" (C 9).

O impossível existe apenas para nós, frágeis seres humanos. “Para Deus, nenhuma coisa é impossível”! (Lc 1,37). Isso exige fé, não apenas aquela fé que espera o impossível acontecer para se tornar verdadeira, mas aquela que é verdadeira mesmo que o impossível não aconteça.

Muitas vezes nosso olhar não nos permite ver a ação de Deus, como também nossa falta de confiança nos impede de termos uma serenidade ativa. Saber acolher e esperar o momento de Deus implica certa aprendizagem e sabedoria.

É um pouco nessa aprendizagem que eu insisto, porque também estou nesse caminho e exercício. Em minha experiência de doença, mais do que nunca, experimentei a ação da Divina Providência; foi ela que me colocou sempre no lugar certo, no momento certo e com as pessoas certas. Sem isso eu não estaria aqui escrevendo estas palavras.

Ela providenciou os “canais das graças” de Deus, que se tornaram os médicos e todo o pessoal de saúde, de apoio e de acompanhamento.

Ana Maria escrevia “quando chega a hora da Providência, só temos que seguir em frente. Tudo se arranja como por encanto” (C 540).

Pouco tempo depois, ela nos lembrou que “A Providência tem suas horas. Feliz de quem sabe reconhecê-las e não resiste às inspirações Divinas” (C 756). Creio que muitos profissionais, ao cuidarem de mim, não resistiram às inspirações quando davam o melhor de si para que eu ficasse bem.

É, sem dúvida, um olhar diferente que nos ajuda a reconhecer o momento de Deus para não resistirmos a suas inspirações.

Fechados em nosso mundo, em nosso modo de ver, não conseguimos perceber o dedo de Deus, que age por intermédio de seus filhos, canais de sua graça. Como ela escrevia em sua carta 756, "A Providência tem em suas mãos os corações dos homens". Hoje, eu completaria: **"Felizes aqueles que não resistem a sua ação"**.

Deus tem seus momentos que, por vezes, são diferentes dos nossos. Como dizia o profeta Isaías: "Meus pensamentos não são os vossos pensamentos, e vossos caminhos não são meus caminhos!" (55,8).

Só um olhar perscrutante e a abertura do coração tornam-nos capazes de olhar os acontecimentos e confiar, filialmente, na Providência de Deus. Ana Maria insistia: "Peço-lhe que não vá mais depressa do que a Providência. Espere seus momentos sem a pressionar" (C 501).

Contudo a espera do momento de Deus não significa inércia, mas sim serenidade e paz. Ou seja, fazer tudo como se tudo dependesse de nós e, simultaneamente, em caso de sucesso ou insucesso, manter a paz e a serenidade, confiante de que Ele tudo conduz para nosso bem e que, na verdade, nossa história e nossa vida estão em suas mãos.

4
A SAGA QUE CONTINUA

Após as cirurgias do cérebro, cerca de um mês depois, eu comecei as sessões diárias de radioterapia. Estando os tumores localizados em diferentes áreas do cérebro, eram realizadas duas sessões diárias, uma do lado direito, outra do lado esquerdo.

Logo de início experimentei reações diversas, reiniciando o tratamento com cortisona. Para além disso, tempestades e problemas com os equipamentos levaram o tratamento a ser interrompido por um ou dois dias, duas vezes.

Pena? Sim! Mas nada de "protesto", pois eu sabia que Deus cuidava de mim. Era apenas mais uma situação que me ultrapassava, mas eu estava em boas mãos. E como dizia Viktor E. Frankl, já mencionado, "se não está em nosso alcance mudar uma situação, podemos escolher a atitude diante dela". E eu não queria encará-la como um drama, mas como algo que podia acontecer e aconteceu, para me tornar mais forte e tolerante.

Terminada a radioterapia, houve uma pequena pausa e um novo início da quimioterapia, que seria dividida em seis sessões, com um intervalo de cerca de vinte e um dias entre cada sessão. No mês de novembro, fiz a primeira quimioterapia; novas reações e mal-estar! Foi necessário um medicamento que não consta da relação de alto custo do SUS. Depois da segunda sessão de quimioterapia, já estava de rastos, e os resultados laboratoriais mostravam um estado imunológico comprometido. As sessões de janeiro, fevereiro e março foram gradualmente suspensas.

Passados cinco meses, nada de medicamento! Estava nas mãos de Deus e continuei apenas sendo seguida por meio de exames e consultas. Sei que Deus nos conduz!

No momento em que a Pandemia do coronavírus já se alastrava pelo mundo e crescia no Brasil, eu me encontrava no grupo de risco. Contudo não sentia medo, nem tinha preocupações excessivas. Meu pensamento era o mesmo: vou fazer tudo, como se tudo dependesse de mim, sabendo que tudo está nas mãos de Deus.

Mesmo sem medo ou preocupações excessivas, custava-me, um pouco, sair para os exames e as consultas, mas compreendia que minha situação o exigia. Por isso tomava todo o cuidado para não me contaminar; talvez, não por mim mesma, mas por aqueles que me circundavam.

Ao mesmo tempo em que continuava meu isolamento pela Pandemia e por meu estado de saúde ainda um pouco fragilizado, ia acompanhando a situação no Brasil e no mundo. Via gestos pensados, refletidos e solidários e via, também, gestos impensados, não refletidos e egoístas. Eu queria ficar em casa, porém tinha de sair para exames e consultas. Outros que não precisariam sair não queriam ficar. Então pensava: "por que essa insatisfação tão grande e capacidade de adaptabilidade tão pequena?"

Era, na verdade, um tempo difícil para todos. Contudo, em vez de entrar em atritos por visões diferentes, as pessoas poderiam orientar seu olhar em uma mesma direção, que poupasse o maior número de vidas possível. Não compreendemos ainda o que dizia Viktor Frankl, "devemos transformar os aspectos negativos da vida em algo construtivo". Se assim fosse, como diz o mesmo autor, descobriríamos que "nada proporciona melhor capacidade de superação, resistência aos problemas e às dificuldades em geral do que a consciência de ter uma missão a cumprir na vida".

Não devia ter o olhar voltado apenas para o negativo e para a mesquinhez! Por isso olhava novamente para os gestos de solidariedade, para a criatividade, para a ajuda capaz de ainda se manifestar em corações generosos e para o humor que nos marca como povo, que, como mencionamos anteriormente, "constitui um truque útil para a arte de viver".

Olhava, também, para gestos de heroísmo de tantos médicos e enfermeiros e daquele Padre italiano, vitimado pela pandemia, que, recebendo de seus paroquianos um respirador que lhe daria um suporte vital, ofereceu-o a um jovem também vitimado pela mesma doença entregando, assim, a própria vida pelo irmão.

Sem dúvida em nosso mundo podemos ver, ainda, muito egoísmo e irresponsabilidade, mas também podemos ver gestos de amor, doação, generosidade e compromisso. Em tudo isso, há um sentido, e, como dizia o autor acima mencionado, "se percebemos que a vida realmente tem um sentido, percebemos também que somos úteis uns aos outros. Ser humano é trabalhar por algo além de si mesmo"; para alguns, a pandemia, certamente, pode ter sido uma ótima ocasião para essa descoberta.

Contudo, como "o essencial é invisível aos olhos", para muitos apresentou apenas ser um tempo de "perda" ou uma "perda de tempo". Isso porque a muitos de nós foi ensinado, ou muitos de nós aprendemos, apenas fixar nosso olhar sobre os gestos medíocres, esquecendo-nos dos gestos de nobreza e dedicação.

Por meio dessas ocasiões de crise, podemos ver toda medida do homem, desde os corruptos, oportunistas, aproveitadores, manipuladores e mentirosos que se beneficiaram e beneficiarão com a desgraça alheia até os que colocaram a vida dos outros como um dom sagrado, que é preciso proteger e defender. Vimos também a medida dos corações e a generosidade deles, e como dizia Lacordaire: "A medida de um homem é a medida de seu coração". Quando a poeira baixar e a verdade subir, poderemos ver as diferentes medidas dos homens, com um olhar mais límpido e cristalino.

Quando nos protegemos e cuidamos de nós mesmos, devemos pensar não em nós, mas naqueles que, por nossa negligência, podem ser prejudicados.

Viktor Frankl, esse psiquiatra, psicólogo que viveu três anos de sua vida em um Campo de Concentração, lembrava-nos que "uma das principais características da existência humana está na capacidade de se elevar acima das condições biológicas, psicológicas e sociológicas e de crescer para além delas".

Confesso que me preocupo quando vejo que uma boa parte da humanidade não se eleva nem para além das condições biológicas. E também quando poucos, particularmente, políticos, comunicadores e outros, em nosso país, preocupam-se em crescer apenas nelas e não em ajudar e a crescer para além delas.

Nos momentos complicados e difíceis em que vivemos, deve-se aprender a tirar o olhar de nosso próprio umbigo para elevá-lo à contemplação do mundo. Certamente, nas crises muito podemos aprender. Mas em que medida podemos aprender algo diferente se não extrapolarmos nossa estreita visão? Talvez, seja importante resgatar a humildade, virtude tão esquecida em nosso mundo, para uma maior superação da vaidade pessoal, pois como dizia Saint Exupéry "o vaidoso não ouviu (não ouve). Os vaidosos só ouvem os elogios".

A humildade do Mestre se torna uma lição essencial: lavar os pés, mesmo daqueles que nos podem ferir de morte, e ensinar que o "poder" é serviço. Isso continua a ser um desafio dos grandes homens e das grandes mulheres, que do Mestre vão aprendendo a olhar a realidade e o mundo com um novo olhar.

Em seu Evangelho da Boa-Nova, Jesus Cristo nos ensina: "Felizes os pobres de espírito, porque deles é o reino dos céus... Felizes os limpos de coração, porque verão a Deus... Felizes os que têm fome e de sede de justiça, porque serão saciados... Felizes os misericordiosos, porque alcançarão misericórdia..." (Mt 5).

Só um coração verdadeiramente aberto, límpido e desejoso das lições da vida pode, realmente, aprender. Há valores e princípios que ninguém pode nos passar se nosso coração, empedernido, não desejar. Não serão graduações, pós-graduações, mestrados, doutorados e pós-doutorados que nos darão um olhar diferente, mas sim um coração simples, aberto e solidário, pois, como dizia o filósofo espanhol Unamuno acerca de seus alunos da Universidade de Salamanca: "O que a natureza não dá, Salamanca não empresta".

Dessa forma, confirmando minhas vivências no hospital, parece-me que o problema do olhar está diretamente ligado ao pensamento e ao coração, não no sentido anatômico, fisiológico, mas no sentido de ser-se profundamente humano para olhar e pensar o outro, o mundo e a história.

Mas ser-se profundamente humano, especialmente na área da saúde, não descarta a necessidade fundamental da ciência, da técnica e da competência. Ao contrário, porque sou profundamente humano, busco a ciência, a técnica e a competência, não para mim, mas para melhor ajudar o outro. Meu "centro" não sou eu nem meus interesses! Nunca serei capaz de servir bem o outro se não for competente no amor. Deve haver algo em nós que nos torna "semelhantes" e, ao mesmo tempo, "diferentes" de todos, naquilo que somos e fazemos. Uma "marca", um "toque" que suscita no outro confiança e empatia. Esse algo pode, seguramente, ser a compaixão, a solidariedade, a bondade, em uma palavra: o amor, que é o mandamento maior.

E como dizia Khalil Gibran: "O trabalho é o amor tornado visível". A falta de amor ao trabalho pode, sem dúvida, sucatear essa visibilidade, tornando o dia e a existência como um pesado fardo, que transparece em cada gesto, em cada técnica e em cada ação.

Percebi que a falta de dedicação e de amor, o que quase não encontrei naquele tempo da doença, inviabiliza não somente a alegria daquele que é objeto de cuidado, mas também daquele que um dia se propôs a cuidar. Somente assumindo o trabalho como um serviço ao outro e uma missão a ser desempenhada com competência, podemos ser para nós fonte de felicidade e alegria. O poeta indiano RabindranathTagore citou muito bem essa correlação quando escreveu em um de seus poemas: "Adormeci e sonhei que a vida era alegria; despertei e vi que a vida era serviço; servi e vi que o serviço era uma alegria".

Quando um profissional ama aquilo que faz, também aprende a amar os outros e descobre no serviço a felicidade. Esta não é um porto de chegada, mas uma companheira de viagem daqueles que sabem apreciar com um olhar positivo todos os momentos da vida, mesmo que haja alguns dolorosos.

Durante minha saga, encontrei pessoas profundamente humanas, que amavam aquilo que faziam e eram competentes. Creio que eram competentes porque, antes de tudo, eram simples. E como dizia Khalil Gibran "A simplicidade é o último degrau da sabedoria".

Penso que a simplicidade abre espaço para a aprendizagem, e a aprendizagem abre espaço para a ciência e a técnica, e elas, por sua vez, abrem-se para o brilhantismo e a competência. Como a "simplicidade é o último degrau da sabedoria", penso que a competência e a arrogância dificilmente poderão caminhar juntas!

É claro que nos caminhos da doença também encontrei pessoas simpáticas e menos simpáticas, pouco ou nada competentes. Nem a simpatia nem a antipatia minimizavam possíveis riscos e "estragos". Contudo, no primeiro caso, haveria sempre a possibilidade de uma sugestão e de um estímulo. No segundo, apenas um silêncio ou minha misericórdia. Nesses casos, lembrava-me, novamente, de Viktor Frankl, que dizia: "quando a circunstância é boa, devemos desfrutá-la; quando não é favorável, devemos transformá-la e, quando não pode ser transformada, devemos transformar a nós mesmos", isso se quisermos sobreviver às tempestades causadas pelos que ele chamava de "classe indecente".

Fui estudante de diferentes universidades e países e sempre testemunhei a existência de vários tipos de estudantes. Aqueles que aprendiam, apenas para o momento, meia dúzia de técnicas e algumas teorias que lhes permitissem algum sucesso e concluir algum curso, para promoção pessoal ou para o próprio status, e aqueles que encaravam o estudo como parte de uma missão, ou a porta para uma profissão, que lhes permitiria não apenas o sucesso, mas também serem úteis a nosso mundo e à própria sociedade. Ou seja, aqueles que por natureza aprenderam a importância e a lição de nunca deixarem de aprender, porque só assim seriam capazes de olhar para além de si mesmos e de suas ambições.

Percebendo os riscos de olhar apenas o próprio mundo, Frankl escrevia "quando percebemos que a vida realmente tem um sentido, percebemos também que somos úteis uns aos outros. Ser humano é trabalhar por algo além de si mesmo". E ainda: "não procurem (simplesmente) o sucesso (pelo sucesso), quanto mais o procurarem e o transformarem num alvo, mais vocês vão errar. Porque o sucesso, como a felicidade, não pode ser perseguido; ele deve acontecer, e só tem lugar como *efeito colateral de uma dedicação pessoal a uma causa maior do que a pessoa*, ou como subproduto da rendição pessoal a outro ser".

Nossa consciência do dever pessoal de procurar sempre a perfeição, a competência, o correto, o justo e o bem não é alcançada nas escolas ou faculdades, particularmente, se não existir um coração aberto, humilde e com o pensamento de se ter uma missão a cumprir no mundo ou, pelo menos, de deixá-lo melhor do que o encontramos.

É o mesmo autor, já anteriormente mencionado, que afirmava que "nada proporciona melhor capacidade de superação e resistência aos problemas ou às dificuldades em geral do que a consciência de ter uma missão a cumprir na vida", seja ela longa ou curta, "grande" ou "pequena".

Em meu interior, durante minha hospitalização, muitas vezes refletia sobre minha missão e sobre a missão daqueles que me circundavam, pois nossa missão estende-se a todas as áreas, incluindo nosso testemunho, nossa profissão e nossas relações.

Sem dúvida, queria e quero humanizar-me cada vez mais e contribuir para que nosso mundo seja cada dia mais profundamente humano. Contudo sou consciente de que o fato de desejar que o outro seja profundamente humano não significa exigir do outro a perfeição, ainda que possa e deva ajudar o outro crescer; conforme dizia Exupéry: "É preciso exigir de cada um o que cada um pode dar".

Dar o máximo de si é algo fundamental para nosso crescimento. Não significa perfeccionismo ou obsessão, mas desafio e entrega pessoal. Desejar que o outro cresça não significa querer fazer o outro minha "imagem e semelhança". Se assim fosse, estaria a "armar-me" de "perfeito" e de "deus". É isso que acontece quando a prepotência, a autossuficiência e a arrogância invadem nossa existência.

Na doença, o homem e a mulher podem descobrir sua indigência e pequenez. Essa compreensão também pode nos ajudar a sermos mais fraternos, mais humanos e mais abertos às lições da vida.

Claramente, o contrário também poderá acontecer, particularmente, se o nosso olhar for altivo e arrogante perante as situações da vida e as pessoas.

Deixo algumas considerações para uma pequena reflexão sobre o olhar crítico e construtivo com o qual, conscientc ou inconscientemente, podemos avaliar as pessoas e, até mesmo, nosso Sistema de Saúde.

A aprendizagem do olhar positivo sobre o outro e sobre a vida humana pode fazer crescer não apenas o doente, como também o profissional que dele cuida. Pude viver essa experiência pessoalmente com vários profissionais de saúde, em especial, com a oncologista que me acompanha e com quem, penso eu, foi-nos possível estabelecer uma grande empatia. Essa empatia me ajudou e ainda me ajuda.

Sua preocupação com meu bem-estar, com meu estado geral em cada momento, era um testemunho de quem queria ver-me melhor, mesmo quando não era possível estar bem.

Penso que a compreensão de toda a equipe de saúde e certa empatia gerada por essa compreensão é, sem dúvida, fundamental tanto para uma progressão positiva, como também para a rapidez da recuperação pessoal do doente.

A abertura para as questões, para o diálogo é essencial não apenas para a pessoa, mas também para a família, que passa por um momento doloroso ao ver o sofrimento de seu ente querido.

Como tive a graça de encontrar profissionais com coração profundamente humano, pensei ser importante partilhar minha vivência de doente. Foi a empatia experimentada que me levou a solicitar a colaboração do "outro lado" em um projeto pessoal que poderia ser visto e concebido de outra forma que não apenas a minha. Abro, portanto, um "parênteses" em minhas reflexões para "escutar" quem continua a cuidar de mim.

O "cuidar" ganha um outro olhar.

5
SER MÉDICO: RELATO DE UMA VIVÊNCIA

Por Dra. Mayndra Landgraf

Pode parecer um clichê, mas, antes de tudo, ser médico é uma vocação, algo que nasce com você. Hoje, com poucos anos de formação em medicina, consegui conviver e participar de inúmeras situações que me fizeram repensar alguns princípios.

Quando recebi o convite para participar do projeto deste livro, achei que não teria muito a contribuir, então pensei em expor aqui um pouco de minha experiência e, quem sabe, ajudar alguém a atingir seus objetivos.

Então, vamos lá. Na verdade, acho que nunca pensei em ter outra profissão, até nas horas mais difíceis e após horas de trabalho, paro, reflito e não me vejo realizando outra coisa que me deixe plenamente satisfeita.

Quando adolescente, só pensava em uma coisa: estudar para entrar na faculdade de medicina. Sempre quis um lugar específico e trabalhei pensando nisso; parecia-

-me o certo. E, assim foi, cheguei lá. Durante a faculdade, em cada ano que passava, eu me apaixonava mais.

É comum para um estudante de medicina ouvir: que área você irá seguir? Sabia que queria ajudar as pessoas, confortá-las, então muitas áreas passavam por minha cabeça. Sabia que não seria cirurgiã, sempre gostei do contato e da comunicação.

Então, por volta do quarto ano, decidi-me que seria clínica. Entrei no internato e me envolvi na clínica médica; cada doente me inspirava, cada paciente era um aprendizado, não só na parte física, mas também na da pessoa como um todo, seu contexto social e, mesmo, sua dificuldade enfrentada para estar ali.

Sempre gostei de trabalhar na saúde pública. Minha formação foi em um hospital exclusivamente SUS, e isso me fascinou, pois gostava de me sentir útil para as pessoas que necessitavam e sempre quis continuar nesse âmbito. Quando fui prestar a residência de clínica médica, não foi diferente, queria permanecer onde eu estava, continuar aprendendo nesse ambiente tão rico, no qual eu podia melhorar.

Quando pude focar em doentes clínicos, acabei descobrindo a oncologia, área com a qual eu não tive tanto contato durante a graduação. Foi amor à primeira vista! Era tudo o que eu queria! Consegui envolver em uma só especialidade a clínica e o cuidar que se fazia tão necessário, muitas vezes não só pelo paciente, mas pela família que acaba tão envolvida em todo o tratamento.

Dediquei-me, inspirei-me em meus professores que, hoje, são parte de mim, em minha família, que sempre me apoiou, e, assim, tornei-me oncologista.

Durante a residência de oncologia, período em que conheci pessoas maravilhosas, tive o prazer de tratar pacientes que me tornaram o que sou hoje; foram três anos de muitas gratificações! Cada pessoa com quem conversei, cada dificuldade que encontrei no tratamento, cada família que confortei trouxe-me um aprendizado que ninguém pode tirar.

Cada dia que passava, tinha certeza da escolha que fiz e do local que escolhi para aprender. Trabalhar no SUS pode ter certas frustrações, mas é inigualável a sensação de conseguir atingir seus objetivos e fazer um trabalho bem-feito com o que está disponível.

Também já tive momentos ruins, perdi pacientes que me fizeram questionar minhas ações: será que deveria ter feito diferente? Por que algo de repente deu tão errado? Por que não respondeu como deveria? Era tão jovem! Tinha uma vida pela frente, tinha filhos e família! Nesses momentos precisei buscar conforto em algo maior e encontrar forças para continuar.

Hoje, trabalhando como oncologista há poucos anos, já passei por inúmeras situações, cada qual com sua particularidade. A consulta não se resume só em tratar a doença, mas também em dar conforto, amenizar a dor, suavizar os sintomas que, muitas vezes, são agonizantes.

Trabalhar em conjunto com outras especialidades e outras áreas da saúde é fundamental para o bom andamento do tratamento. Como o câncer é muito abrangente, frequentemente o mesmo paciente é assistido por até três médicos com especialidades distintas, e isso precisa fluir de uma forma organizada e benéfica para o indivíduo. Também a equipe multidisciplinar de enfermagem, nutrição, psicologia, farmácia, odontologia e assistência social precisa estar presente, pois ela é fundamental para a saúde como um todo, fazendo parte do dia a dia de um paciente oncológico.

Uma de minhas pacientes, particularmente, a autora deste livro, é uma prova de que algo maior nos rege. Enfrentar um tumor de ovário avançado, com quadro suboclusivo intestinal, e vencer todos os obstáculos com maestria até o término da quimioterapia perioperatória é um dos casos que me inspira a sempre dar meu melhor para cada paciente que chega a meus cuidados.

Quando acabamos o tratamento, com resposta completa na cirurgia de intervalo, foi uma vitória muito comemorada. Tratar uma pessoa cheia de objetivos e vontade de viver é algo que não troco por nada.

Infelizmente, aproximadamente um ano após o término do tratamento, vieram os sintomas neurológicos e o discreto aumento no marcador tumoral, doença sistêmica controlada, porém com duas lesões cerebrais proporcionalmente grandes e com grande risco de morte em decorrência delas. Foi um momento de apreensão por parte da equipe médica, família e de todos os envolvidos.

O impressionante é que, mesmo nessas situações, ela demonstrava uma fé inabalável, uma confiança no tratamento invejável. Apesar dos riscos e das chances de um desfecho desfavorável, tudo correu bem, surpreendentemente bem. Foram duas cirurgias com ressecção completa das lesões e com déficit motor mínimo e transitório.

Seguimos com o tratamento, radioterapia e mais quimioterapia. Com as forças já esgotadas, optamos por interromper o tratamento antes do tempo; estava sem doença novamente.

Diante do contexto familiar e da presença da mutação no gene BRCA, iniciamos a medicação cedida pelo estado para o tratamento de manutenção, que fará toda a diferença.

Hoje, 9 meses após o ocorrido, encontro-me aqui, escrevendo estas poucas palavras a pedido de uma paciente que me trouxe, com certeza, um crescimento profissional sem tamanho. Isso nos faz pensar que tudo é possível e não podemos desistir se há uma chance de dar certo. Isso me faz ter certeza de que fiz a escolha certa no dia em que entrei na faculdade de medicina e escolhi ser oncologista.

Trabalhar em uma estrutura SUS, que me disponibiliza dar o melhor atendimento a meus pacientes, sem faltar medicações essenciais para o sucesso do tratamento, com equipe cirúrgica e demais profissionais, é gratificante e determinante no desfecho.

E, com isso, só tenho a agradecer por poder ajudar tantas pessoas e não deixar ninguém desassistido e sem tratamento. Portanto ser médico é isto: realizar seu trabalho com todos os ônus e os bônus que advêm com ele e, nos momentos de reflexão, sentir-se realizado profissionalmente, com a plena certeza de que fez o que era certo para cada um.

6
O OLHAR E O PENSAMENTO

Retomo agora minhas considerações, para uma reflexão sobre o olhar crítico e construtivo com o qual, consciente ou inconscientemente, podemos avaliar as pessoas e, até mesmo, nosso Sistema de Saúde.

Ao longo destas páginas, tenho, muitas vezes, falado do "olhar" e, neste momento, faço uma pequena reflexão, sublinhando o porquê eu quis falar do "olhar" que, na realidade, é a "janela da alma" – embora a "Escuta" possa também, em meu entender, assim ser "classificada".

Na verdade, o "olhar" de que falo não é mais do que nossa forma de refletir, de pensar as pessoas, os acontecimentos, o mundo e tudo o que nos cerca. Por isso, neste pequeno tópico, todas as vezes em que me referir ao olhar, estarei, na realidade, a referir-me ao pensamento.

Em uma de suas obras, o psicólogo Dr. Henry Gleitman diz-nos o seguinte: "O pensamento faz a grandeza ou a pequenez do homem. A grandeza decorre do *pensamento bem pensado*, que avalia a multiplicação do real e se esforça para desvendá-lo atentamente, saboreando sua riqueza e diversidade. Tal pensamento aprendeu a filosofar: a desejar amorosamente a verdade, a amar a sabedoria. A pequenez humana decorre do *pensamento obscuro, mesquinho,* que desconhece o sabor da busca do saber. Esse tipo de pensamento transforma-se em meio de ocultação da realidade. Por meio dele a atividade pensante, em vez de servir à liberdade, pode transformar-se em instrumento de dominação social". Da prática profissional que tive, penso que ele não só pode transformar-se em um "instrumento de dominação social", mas também de "tortura interior" e de "autodestruição" pessoal e interpessoal.

Refletindo sobre as palavras do Dr. Henry Gleitman – "O pensamento faz a grandeza ou a pequenez do homem" –, podemos nos lembrar do que citávamos atrás de Lacordaire, que dizia "A medida dum homem é a medida de seu coração". Penso que, quando o escritor se referia à "medida do coração", referia-se a princípios, critérios e valores que, certamente, dão uma determinada direção a nosso pensamento. Parece-me que o "pensamento bem pensado", o "olhar límpido" partem sempre desses princípios, critérios e valores profundamente humanos, diria até Divinos, mesmo se tão desprezados em nossa sociedade. Contrariamente a isso, o "pensamento obscuro e mesquinho", o "olhar distorcido e míope" desconhecem os caminhos da verdade, do amor e da sabedoria, não servindo, por isso, à liberdade e ao verdadeiro crescimento pessoal.

O “pensamento bem pensado”, o “olhar límpido” ajudam-nos a saborear a realidade e os acontecimentos de forma mais verdadeira e reta. Foi e é com esse olhar e pensamento que, sendo, também, da área da saúde (enfermeira e psicóloga), tanto na primeira fase da doença como na segunda, estive hospitalizada e procurei observar cada gesto, cada cuidado e cada palavra a meu redor.

Vi gestos próprios de corações fortes, grandes, generosos e sensíveis, e gestos de corações temerosos, pequenos, tacanhos e fechados; diria até que insensíveis à fragilidade do outro. Policiava-me para não ter um olhar de “criticismo”, isto é, um olhar pouco límpido e um pensamento obscuro e mesquinho, ainda que me permitisse ter um olhar crítico construtivo, ao menos para “avaliar” a qualidade de alguns cuidados.

Não gostaria de que nada distorcesse meu olhar, mas que ele fosse sempre o resultado de minha aprendizagem e gratidão, pois, como dizia Éxupery, “é loucura odiar todas as rosas porque uma te espetou”. E, se me espetou, talvez, eu não tenha tido o cuidado suficiente para entrar em seu “canteiro”.

Por outro lado, queria manter um olhar crítico sobre minha própria situação, a fim de, ao menos, brincar comigo: “Hoje, estou no bico do urubu!”, como popularmente nosso povo brinca; ou hoje estou melhor do que “todas as demais da enfermaria”! Eu sabia o que estava acontecendo comigo e como meu corpo reagia.

Há doenças que, apesar de terem um grande impacto emocional, maior ou menor dependendo da pessoa, não nos tira, necessariamente, a razão, portanto não nos tira a capacidade crítica acerca de nosso estado pessoal e dos cuidados necessários, por exemplo, nos momentos em que experimentei as reações alérgicas à quimioterapia.

Em meio às "tempestades" da vida, especialmente no âmbito da doença, nosso pensamento ou nosso "olhar" podem se tornar ofuscados, por tudo o que experimentamos física, psicológica e espiritualmente nos momentos dolorosos. Contudo, como dizia o poeta Tagore: "Se de noite chorares pelo sol, não verás as estrelas". Muitas vezes, nosso "olhar" e "pensamento" não nos permitem "ver as estrelas", por isso tudo se torna pesado, temeroso e obscuro. Aprender a "olhar" é, na realidade, algo da vida toda, mas na doença podemos ter mais tempo para essa aprendizagem. Por outro lado, a simplicidade nos ajuda e abre espaços para darmo-nos conta das distorções cognitivas e dos erros possíveis no processamento de toda e qualquer informação, seja ela proveniente de nosso interior ou do exterior.

Os estudos do Psiquiatra norte-americano, Aaron Beck, fundador da Terapia Cognitiva, com a qual trabalhei muito tempo, alertam para os riscos de nossos esquemas mentais nos conduzirem a essas distorções ou a esses erros.

No que diz respeito a nosso estado pessoal, muitas vezes, por esses erros ou essas distorções, corremos o risco de dramatizá-lo, sobre-estimá-lo ou, então, por um mecanismo de negação subestimá-lo.

Segundo Beck, os erros de pensamento mais comuns dos quais podemos ser vítimas são:

Catastrofização – avaliamos um acontecimento como sendo uma catástrofe ou prevemos que o futuro irá levar-nos da pior forma possível, superestimando a possibilidade de ocorrências negativas.

Pensamento dicotômico – do tipo tudo ou nada – enxergamos o universo em apenas duas categorias, bem ou mal, como certo ou errado, sucesso ou fracasso, sem ver as coisas dentro de um continuum.

Personalização – acreditamos que acontecimentos negativos ou comportamentos aversivos de terceiros ou outras dificuldades se devem a algo que nós mesmos fizemos.

Ditadura do "deveria" – temos uma ideia excessivamente rígida de como deve ser nosso comportamento e o comportamento dos outros, com excessiva exigência sobre nossa performance ou a performance dos outros.

Desqualificação do positivo – descartamos as características positivas, evidenciando as negativas.

E, por fim, a **Inferência Arbitrária** – chegamos a conclusões na ausência de evidências.

É claro que todos ultrapassam o campo da doença e podem ocorrer em diferentes áreas de nossa vida e nossos relacionamentos, contudo, também na vivência da doença, poderão estar presentes e influenciar nossa forma de olhar e vivê-la. Por isso o "pensamento bem pensado" ou o "olhar límpido e sereno" podem ajudar-nos a requacionar as situações à justa medida. Tudo isso não retirará o peso de uma doença grave, ou mesmo, de uma sobrevida bastante comprometida. Por isso, sem catastrofização e atenta aos possíveis erros que podemos ter no processamento de informações, gostaria de fazer uma reflexão sobre o luto e a morte, realidades com as quais lidamos e confrontamo-nos muito frequentemente no campo da saúde e da doença. As perdas que aí ocorrem poderiam não ocultar as "estrelas" nas noites sem negar as tempestades de nossa vida, se nosso "olhar" fosse mais amplo e mais límpido que a "poluição" de nosso mundo social.

Em 1969, a conhecida psiquiatra Elisabeth Kubler-Ross descrevia, em seu livro: "Sobre a morte e o morrer", cinco fases pelas quais um doente, especialmente, terminal, passaria ao longo de uma doença ou no fim de sua vida. Essas cinco fases, que a maioria de nós conhece, teoricamente seriam: 1. Negação e isolamento; 2. Raiva; 3. Barganha; 4. Depressão; 5. Aceitação.

Segundo a mesma autora, passamos por esses estágios antes de alcançarmos uma aceitação da morte, contudo cada indivíduo tem sua própria trajetória. A chave para a compreensão desse processo de luto é entender que não há uma regra fixa, ou seja, nem todos vão passar pelos estágios na respectiva ordem. De qualquer forma, eles ajudam a entender e contextualizar o momento pelo qual o doente estaria passando.

Na realidade, meu pensamento, hoje, estrutura-se de forma um pouco diferente, isso porque, fazendo uma releitura de minhas vivências no serviço de oncologia, pareceu-me que nem todos os doentes passariam, necessariamente, pelas cinco fases como nós as conhecemos.

As características de cada doente, os esquemas de pensamento e outros fatores teriam influências profundas na vivência ou não de uma ou outra fase do processo. De qualquer forma, o conhecimento delas, estando presentes no espírito dos cuidadores, poderá, em muito, contribuir para uma maior compreensão mútua.

Por isso penso que a aprendizagem de um "olhar límpido" e um "pensamento bem pensado", ao longo de nossa vida, poderá ajudar-nos a ver a morte como uma fase da vida para a qual devemos, também, prepararmo-nos não de forma doentia ou depressiva, mas de forma positiva e, diria mesmo, alegre. Acredito ser importantíssimo o que hoje chamamos de formação da Inteligência Emocional, contudo precisamos ir além, isso ainda é pouco!

Um curto "olhar" sobre as Instituições de Saúde

Feitas algumas considerações sobre o "olhar e o pensamento", sinto que meu "olhar" deva voltar-se, ainda que de maneira bastante breve, para as Instituições de Saúde. Elas são verdadeiros "santuários da vida", que acolhem dores e lágrimas, alegrias e tristezas, morte e vida, ainda que, muitas vezes, para quem não tem fé esse "santuário" se torne apenas "calvário".

Muitas dessas Instituições, mesmo sem os recursos e apoios necessários, esforçam-se para criar um clima acolhedor e de empatia, com a competência necessária para um bom atendimento.

Sem dúvida que, sobre essas Instituições, podemos fazer diferentes considerações por meio de diversos ângulos e diversas formas. Contudo, é de forma bastante sintética, simples e rápida, que tentarei fazê-las apenas com um "olhar" que abranja duas facetas e alguns aspectos. As grandes reflexões ficam para profissionais e técnicos de saúde competentes que podem realizá-las com maiores conhecimentos e sabedoria. Escrevo, portanto, apenas como uma ex-profissional da saúde e como doente, alguém que experimentou e experimenta no corpo, no psíquico e no espírito os limites do ser humano.

Nesta pequena reflexão, uma das primeiras questões que coloco é: o que esperar de uma Instituição de Saúde como usuária de seus serviços?

Na verdade, como doente, minha expectativa era a mesma de qualquer ser humano: respeito, acolhimento e competência! Esperava que meu sofrimento e minha dor fossem respeitados e aliviados o mais rapidamente, com a recuperação de minha saúde.

No entanto, em certas situações, consigo compreender que nem sempre tudo é possível "tão rapidamente": lembro-me de meus vômitos infindos, de minha sede insaciável, por impossibilidade de qualquer ingestão etc. No estado de doença, aprendi que precisamos, por vezes, compreender essa verdade do "nem sempre rapidamente"!

Foi como doente e também como ex-profissional de saúde que, uma ou outra vez, preocupei-me ao ver um cuidado ou uma e outra técnica sendo um pouco "chamuscada". Contudo, lembrando-nos do filósofo espanhol já citado, isso é mais ou menos compreensível. Tenho pena das pessoas de quem poderíamos dizer isso. Porque só a humildade e simplicidade em reconhecer a nuvem do "não saber", dos fracassos e dos erros tão pouco admitidos poderiam, verdadeiramente, ajudá-las.

É claro que, para mim, isso não é somente a questão de uma ou outra técnica "chamuscada", tem a ver com o que o poeta Tagore se referia ao escrever que "a inteligência aguda e sem grandeza tudo fura e nada move" e, também como me referi anteriormente, na obra de Viktor Frankl: "Ser um ser humano é trabalhar por algo além de si mesmo". Nesse sentido, busco o conhecimento não apenas por buscá-lo, mas para me tornar melhor e mais completa, para ser realmente útil aos outros e à sociedade, ou seja, para trabalhar por "algo além de mim". Por isso não se trata apenas de uma "inteligência aguda", mas de grandeza de coração ou de sabedoria. Sabedoria que me leva a colocar-me no lugar do outro e perguntar-me "e se fosse eu?" Como olharia essa ação, esse cuidado?

A empatia com o outro, a sabedoria verdadeira com o conhecimento técnico-científico correto são fundamentais para a qualidade do cuidado e a confiança do doente.

Por isso a autocrítica, também do técnico, é fundamental para cumprir sua missão de "ser pessoa" e profissional, pois como dizia ainda V. Frankl: "Em última análise, viver não significa outra coisa senão arcar com a responsabilidade de responder adequadamente às perguntas da vida, com o cumprimento das tarefas colocadas e das exigências do momento". Viver significa, verdadeiramente, "servir", ou seja, trabalhar para "algo além de mim". Assim podemos encontrar não apenas o sentido da vida como a alegria de viver. É lamentável que, muitas vezes, nas "coisas" da vida não tenhamos aprendido a sermos garimpeiros ou alpinistas, ficamos sempre na superfície do financeiro e do consumismo. Deixamos sempre de ir ao fundo, mas também não vamos às alturas.

Entretanto, diante de tantas dúvidas e, por vezes, alguns temores, mesmo como doentes, conservamos nosso olhar "crítico construtivo", distinguindo o correto e o incorreto, o certo e o errado, o verdadeiro e o falso etc. Com delicadeza, podemos tentar assinalar um ou outro aspecto, buscando uma mudança de comportamento. Contudo podemos, também, cair na possibilidade de um criticismo mesquinho, de uma exigência perfeccionista, de uma ira contra tudo e todos decorrente, na maior parte das vezes, da frustração experimentada pelos limites e pela dor. Isso, certamente, não nasceria de um "pensamento bem pensado" e da contemplação de bons profissionais, pois, livre de distorções e dos envieses por elas causadas, compreenderíamos, como referimos anteriormente, o que dizia Exupéry "é loucura odiar todas as rosas porque uma te espetou".

Dependendo de nosso "olhar" e, igualmente, dos cuidados que nos cercam, podemos entrar, também, em uma atitude de profunda gratidão e reverência, reconhecendo em nossa vida muitos canais da graça de Deus e a ação da Divina Providência.

Voltemos a nossa reflexão acerca da crítica sobre as Instituições de Saúde e de seus profissionais sobre os quais eu gostaria de refletir brevemente, a partir de minha experiência de vários meses de internação, particularmente, durante a primeira fase de minha doença.

Antes de tudo, convido o leitor, inicialmente, a ver o sentido da palavra "crítica".

Crítica, segundo o Dicionário Aurélio da Lingua Portuguesa, tem sete correspondências possíveis, ainda que algumas possam sobrepor-se em seu significado. Entre essas, mencionamos apenas: juízo crítico, discernimento, critério, apreciação minuciosa, julgamento, ato de criticar, de censurar, condenação e, de forma restritiva, julgamento ou apreciação desfavorável e censura.

No dia a dia de qualquer ambiente social e, também, de um serviço de saúde, podemos acompanhar tudo isso ocorrendo no meio dos diferentes atores e nos damos conta do quanto o que foi mencionado no tema anterior, "O Olhar e o Pensamento", tem sua força e pertinência.

Não quero, aqui, deter-me sobre as diferentes correspondências que a palavra possa ter, mas sim, apenas fazer algumas reflexões sobre ela, a partir de minha experiência de hospitalização e alguma teoria utilizada no exercício da psicologia.

Partamos do princípio que toda e qualquer crítica não é mais do que a expressão de uma opinião. Essa expressão pode ser negativa em sua forma e em seu conteúdo, sendo percebida como um tanto "agressiva", sobretudo se em sua forma for muito negativa. De qualquer modo, continuará sendo apenas uma opinião que pode ter maior ou menor fundamento. A crítica pode, ainda, ser positiva como uma apreciação que reforça o comportamento não apenas para que ele ocorra novamente como também para que nele se manifeste o reflexo da grandeza de um coração. Ainda assim, a crítica se mantém sempre como uma opinião.

Por fim, digamos que uma crítica pode, também, ser positiva em sua forma e negativa no conteúdo ou vice-versa. Seja qual for o tipo de opinião e a forma de expressão dela, uma crítica pode ajudar ou não, dependendo dos efeitos que causar. Em geral, os efeitos resultantes do que nós chamamos de "criticismo" não ajuda nem faz crescer, pois sublinha apenas aspectos negativos, tornando-nos presas fáceis de outros erros no processamento de informação.

Uma crítica pode ser expressa ou silenciada. Tanto no primeiro caso, como no segundo, o melhor é não ficarmos "ruminando", pois faz mal à saúde!

Quando ficamos ruminando tudo o que nos acontece, podemos entrar no "túnel" do criticismo, da catastrofização, da personalização ou outro, no qual a falta de claridade nos impede, até mesmo, de ter a esperança do fim.

O criticismo que faz mal à saúde é, sem dúvida, uma forma de "ruminação" que não ajuda os profissionais de saúde e, muito menos, o doente. A expressão correta e calma de uma opinião, bem como o acolhimento daquilo que nos ultrapassa podem ajudar muito mais do que um criticismo doentio, que a todos adoece.

Fazer a diferença de forma positiva, tanto da parte do doente como da parte dos profissionais de saúde, é uma atitude que todos podemos escolher para tornarmos as Instituições de Saúde mais saudáveis e humanas. Afinal, como dizia Viktor Frankl, "as pessoas decentes formam uma minoria. Mais que isso, sempre serão uma minoria. Justamente por isso, o desafio maior é que nos juntemos à minoria".

Também penso que a questão das Instituições de Saúde vai além das políticas catastróficas, que privilegiam mais políticos corruptos do que os "santuários de vida", que cuidam do povo órfão, de verdadeiros políticos. Tendo sido profissional da saúde, sei que nesse campo os saberes evoluem com muita rapidez, sobretudo, devido à pesquisa e à ciência feitas por alguns.

Importa acompanhar a "construção" de conhecimentos e as descobertas que vão sendo feitas, contudo isso é apenas mais um dos aspectos fundamentais. Para além de tudo, importam também o amor e a dedicação ao trabalho com o qual me torno "construtor" do mundo, pois como dizia Viktor: "A inteligência apenas vale ao serviço do amor, e o trabalho só nos cansa se não nos dedicarmos a ele com alegria".

A dor do doente não advém apenas da doença, e o cansaço do profissional não advém apenas do trabalho, mas, sem dúvida, algumas vezes, da falta de um olhar que saiba contemplar para além do evidente, para além do instante e do imediato. A solidariedade na doença, em um serviço de saúde, torna-se um aspecto marcante e começa onde não se espera nada em troca, onde a empatia descobre o outro como um irmão com o qual se preocupa e ao qual se dedica.

É claro que, como profissional, eu também experimentei o cansaço, diria mesmo a exaustão; não que nosso trabalho profissional deva nos levar à exaustão contínua e interminável, isso também não seria muito humano. Contudo, se isso acontecer, e acontece periodicamente, certa dose de alegria e de bom humor pode bem ajudar a aliviar.

É um pouco o que dizia uma escritora (Gertrudes Peters) em suas "Bem-aventuranças para o nosso tempo":

– "Bem-aventurados os que sabem rir de si mesmos: – Nunca cessarão de se divertir.

– Bem-aventurados os que sabem distinguir uma pedra de uma montanha: – Evitarão muitos aborrecimentos.

– Bem-aventurados os que sabem ouvir e calar: – Aprenderão muitas coisas novas.

– Bem-aventurados os que estão atentos às necessidades dos outros: – Serão dispensadores de alegria.

– Bem-aventurados serão vocês se souberem olhar com atenção as coisas pequenas e serenamente as importantes: – Vocês irão longe na vida.

– Bem-aventurados vocês se souberem valorizar um sorriso e esquecer uma grosseria: – O caminho de vocês será sempre cheio de sol.

– Bem-aventurados vocês se souberem interpretar com benevolência as atitudes dos outros, mesmo contra as aparências: – Vocês serão julgados ingênuos, mas esse é o preço do amor.

– Bem-aventurados os que pensam antes de agir e que oram antes de pensar: – Evitarão muitas bobagens.

– Bem-aventurados, sobretudo, vocês que sabem reconhecer o Senhor em todos os que encontram: – Vocês encontrarão a verdadeira luz e a verdadeira paz".

Olhar as coisas, os pequenos gestos e detalhes da vida com um olhar límpido, generoso e bem-humorado ajuda-nos muito a ver os fatos nas devidas dimensões.

Era por isso que, particularmente, em alguns momentos eu apreciava os "cantores", as "bailarinas" (enfermeiros), os "humoristas", os "músicos" etc.

Na linha do que disse anteriormente, referindo-me a Frankl, na maioria das vezes, "se não está em nossas mãos mudar uma situação que nos causa a dor e o sofrimento, há sempre a possibilidade de escolher a atitude com que encaramos essa dor e esse sofrimento".

Talvez, deveríamos reconhecer que na doença nos tornamos mais "humanos" e que, por isso, uma Instituição de Saúde deveria ser contemplada não apenas como "santuário de vida", mas também como "formadora" de homens e mulheres peritos em humanidade.

7
EM TEMPO DE "PRORROGAÇÃO": VIVER OU MORRER

Fazendo, mais uma vez, o uso do bom humor, eu escrevo em "tempo de prorrogação", pois estou ciente de que as previsões de minha sobrevida já se esgotaram algumas vezes!

No princípio da Pandemia, esperava-se a chegada de um medicamento que pudesse prolongar um pouco essa sobrevida. Contudo, talvez, devido a problemas burocráticos e a Pandemia que assolava o mundo, havia muitos atrasos. O tempo foi passando, e a Pandemia foi ceifando muitas vidas de pessoas em plena força e em plena juventude. Passados os cinco primeiros meses, eu sabia que vivia apenas da graça de Deus, sem nenhum tratamento farmacológico. Mas não me preocupava se isso poderia ou não diminuir meu tempo de sobrevida. Apenas dou graças a Deus por tudo aquilo que já vivi e por Ele ter sempre me sustentado nos momentos difíceis. Afinal, uma "filha" da Madre Javouhey não pode senão seguir seus conselhos e seus exemplos: “Estejamos preparadas para morrer, aceitemos a vida se ela ainda puder ser útil” (Carta 797); “Viver ou morrer é para mim a mesma coisa, contanto que eu faça a Santa Vontade de Deus” (Carta 624).

Também para mim, já em “tempo de prorrogação”, realizar o projeto de Deus sobre minha vida é o essencial. Afinal, como dizia Ana Maria Javouhey, “nunca se é infeliz quando se faz a Vontade de Deus” (Carta 375).

Deus sabe o que é melhor para nós e só quer o nosso bem, mesmo que com nossa liberdade possamos desviar-nos de seus caminhos.

Por isso viver ou morrer é para mim a mesma coisa desde que eu continue procurando seus caminhos, sua Vontade, o que Ele, realmente, espera de mim.

Estou feliz com os anos que já vivi, porque eles sempre tiveram um sentido. Sempre tentei contar meu tempo de forma diferente, como dizia Celina H. W., em um dos livros da coleção “Mensagens para o ano todo”:

“Conta teus anos não pelo tempo, mas pelo espaço que fazes em teu coração. Não pela amargura de uma dor, mas pela ressurreição que ela traz.

Não pelo número de troféus de tuas conquistas, mas pelo gosto de aventura das tuas buscas.

Não pelas vezes que chegaste, mas pelas vezes que tiveste coragem de partir.

Não pelos frutos que colheste, mas pelo terreno que preparaste e as sementes que lançaste.

Não pela quantidade dos que te amam, mas pela medida do teu coração, capaz de amar a todos.

Não pelas desilusões que tiveste, mas pela esperança que infundiste.

Não pelos anos que fazes, mas por aquilo que fazes em teus anos".

Agora, já em "tempo de prorrogação", eu diria que quero continuar a contar, não tanto os anos, mas meus dias ou meses, da mesma forma. Dedicando-me a algo que, talvez, um dia possa ajudar alguém.

E, como dizia Viktor Frankl, "a morte só pode causar pavor àqueles que não sabem como preencher o tempo que é dado para viver". Sei que preenchi bem o tempo de minha vida, não tanto com lazeres, viagens turísticas, ou passatempos preferidos, mas com a missão que me foi confiada, a qual procurei cumprir no louvor, na intercessão e no serviço.

No período de pandemia não sabia quem iria primeiro, se o coronavírus ou se eu. Gostava da ideia de que ele fosse primeiro, mas não me queixava se eu tivesse a precedência!

Como o leitor certamente percebeu ao longo dessas simples linhas, o dom da fé, sustentado pela Palavra de Deus e por um carisma religioso que ainda tem muito a dizer ao mundo, sempre contribuiu para que eu pudesse perceber a doença não como uma catástrofe, mas como uma etapa de minha existência. Questionei-me, muitas vezes, o que Deus gostaria que eu aprendesse ou aprofundasse mais. Sei que ainda preciso refletir mais, contudo a lição da confiança e do abandono em suas mãos continua a gritar bem alto, como um apelo que ecoa até a eternidade.

Para além disso, penso que, ao longo dessas linhas, o leitor percebeu algumas características de minha formação de base e meu gosto pessoal por alguns escritores que me marcaram. Por isso, sem saber até quando o tempo de "prorrogação" durará, termino com uma pequena palavra de Rabindranath Tagore:

"É hora de partir, meus irmãos, minhas irmãs,
Eu já devolvi as chaves da minha porta
E desisto de qualquer direito à minha casa.
Fomos vizinhos durante muito tempo
E recebi mais do que pude dar.
Agora vai raiando o dia
E a lâmpada que iluminava o meu canto escuro
Apagou-se.
Veio a intimação e estou pronto para a minha jornada.
Não indaguem sobre o que levo comigo.
Sigo de mãos vazias e o coração confiante".

ANEXO

Eu seria muito injusta se, ao menos neste anexo, não fizesse uma breve apresentação de Ana Maria Javouhey ao leitor. Por esse motivo, ainda que de forma bastante sintética, passo a apresentar alguns dados relativos à Bem-aventurada Ana Maria Javouhey, fundadora de minha Congregação Religiosa.

Ana Javouhey nasceu na Borgonha, França, dia 10 de novembro de 1779, e foi batizada no dia seguinte.

Cresceu em um tempo em que seu país vivia a grande Revolução Francesa e a Igreja Católica era perseguida. Nessa época conturbada, em plena juventude, procurou compreender e enfrentar as dificuldades, preparando as crianças para os Sacramentos e defendendo a fé católica.

Em 1807, fundou a Congregação das Irmãs de São José de Cluny, a fim de se ocupar dos órfãos da revolução, dos doentes, dos escravos e marginalizados da época. Ainda em vida, viu sua Congregação espalhar-se pelos 5 continentes. Foi, por três vezes, missionária na África e na América Latina. Com generosidade e disponibilidade, empreendeu o desenvolvimento e a promoção dos povos da raça negra.

No princípio do século XIX, era inédito pensar que uma mulher poderia atravessar 45.000 km em um barco a vela. Mas, a partir de 1817, Ana Maria Javouhey e suas irmãs o fizeram, concretizando, assim, sua vocação missionária.

Preocupou-se com o clero local, o qual apoiou com todos os recursos que possuía, e, em 1840, os três primeiros padres senegaleses (africanos) foram ordenados em Paris, com sua ajuda e seu apoio.

Ana Maria Javouhey era uma peregrina do Absoluto, que se destacou pelo rastro de luz que deixou com sua existência.

Era a criança viva, a adolescente intrépida, a jovem generosa, que não temeu entregar a própria vida para que outros tivessem mais vida.

Era a mulher ardente, apaixonada, livre e corajosa, toda entregue a Deus para a construção de um mundo mais solidário e justo. Humilde na grandeza, terna e suave em sua força, realizou em si uma aliança perfeita do Querer de Deus com o querer humano.

Ana Maria era a mulher de fé que se encontrava nas encruzilhadas de todas as solidões e de todos os desesperos para os banhar com a suavidade da compaixão e o bálsamo da paz.

Promotora do respeito, da liberdade e da dignidade humana, concebia, empreendia, realizava, inventava e criava, a fim de que todos chegassem à plenitude da vida.

Em seu peito batia um coração, cuja riqueza nunca se esgotava e onde as misérias humanas encontravam acolhimento e força.

Insatisfeita enquanto houvesse bem a fazer, sofrimentos a aliviar e homens a salvar, procurou, a seu redor, instaurar uma ordem social mais humana e cristã.

Durante sua vida, o amor que a consumia não era apenas o amor de uma mulher por Deus, era e é o amor de Deus por todos os homens. Por Deus, amou e ensinou a amar toda a humanidade com amor divino.

Como luzeiro no firmamento, a luz de sua vida e espiritualidade continua a iluminar aqueles que anseiam pela plenitude da vida e pelo infinito de Deus. Seu Carisma lembra-nos que a Vontade de Deus e "a glória de Deus são a vida do homem".

Missionária e profeta em seu tempo, sua personalidade forte e visão larga ensinam-nos a verdade que perdura em nosso hoje: a "Vontade de Deus" é a Vida e a Salvação de cada pessoa.

Seu ardor missionário grita-nos bem alto: os problemas da humanidade não serão os da dignidade e da liberdade? Os sonhos adormecidos não serão os do desejo do Bem e da Transcendência?

O Carisma e a espiritualidade de Ana Maria Javouhey reavivam os anseios mais profundos do coração da humanidade, e seu ardor missionário incita-nos a "querer estar em toda parte, onde houver bem a fazer...".

Podemos dizer que ela:

- Procurou conhecer a vontade de Deus sobre si e sobre os acontecimentos;
- Foi profeta lutando contra todas as correntes ideológicas que fossem contrárias à dignidade da pessoa humana. Empreendendo a evangelização a todos os níveis;

- Arriscou tudo com plena confiança, a fim de anunciar Jesus Cristo;
- Acreditou na dignidade dos mais pobres e promoveu a libertação dos escravos nas colônias francesas, arriscando a própria vida em favor dessa causa.

Hoje, em mais de 50 países, Irmãs (religiosas consagradas) e leigos (Associados de São José de Cluny) comungam da mesma espiritualidade e do mesmo carisma, procurando comunicar aos homens e às mulheres de nosso tempo a ternura de Deus, que deseja encontrar-se com cada pessoa, libertá-la, fazê-la feliz com sua amizade e dar-lhe vida e vida em plenitude.

LA VÉNÉRABLE ANNE-MARIE JAVOUHEY
dans les premières années de sa vie religieuse

Sou grata:
À Profª. Marcilene Leandro Conceição (Revisão ortográfica);
A todos que colaboraram e colaboram para minha recuperação.

ÍNDICE